2023
中国房地产市场回顾与展望

China Real Estate Market
Review and Outlook 2023

中国科学院大学中国产业研究中心
中国科学院预测科学研究中心

科学出版社
北　京

内 容 简 介

本书根据国家统计局、Wind 数据库、中国经济信息网等多个权威数据库公布的最新统计数据，从房地产开发投资、房地产供需和房地产价格等多个方面回顾 2022 年我国房地产市场的运行情况，解析 2022 年各级政府颁布的房地产调控政策，着重对北京、上海等一线城市以及部分新一线、二线城市房地产市场运行情况进行分析总结，综述 2022 年房地产金融形势变化，并从房地产市场的供给、需求、价格、政策等方面对 2023 年我国房地产价格的发展趋势做出预测。最后针对当前我国房地产业发展的一些重要问题提出了相应的政策建议。

本书可供政府相关部门在制定和调整政策时参考，也可为房地产企业开发投资决策、居民购房决策提供参考。同时，对房地产相关研究机构和学者开展学术研究有一定的参考价值。

图书在版编目（CIP）数据

2023 中国房地产市场回顾与展望 / 中国科学院大学中国产业研究中心，中国科学院预测科学研究中心编. — 北京：科学出版社，2023.5
ISBN 978-7-03-074766-2

Ⅰ. ①2… Ⅱ. ①中… ②中… Ⅲ. ①房地产市场 – 研究报告 – 中国 – 2023
Ⅳ. ①F299.233.5

中国版本图书馆 CIP 数据核字（2023）第 021426 号

责任编辑：王丹妮 陶 璇 / 责任校对：姜丽策
责任印制：张 伟 / 封面设计：有道设计

科 学 出 版 社 出版
北京东黄城根北街 16 号
邮政编码：100717
http://www.sciencep.com

北京中科印刷有限公司 印刷
科学出版社发行 各地新华书店经销

*

2023 年 5 月第 一 版 开本：787×1092 1/16
2023 年 5 月第一次印刷 印张：10 3/4
字数：251 000
定价：98.00 元
（如有印装质量问题，我社负责调换）

编 者 名 单

董纪昌　中国科学院大学经济与管理学院教授
刘　颖　中国科学院大学经济与管理学院副教授
李秀婷　中国科学院大学经济与管理学院副教授
贺　舟　中国科学院大学经济与管理学院副教授
董　志　中国科学院大学经济与管理学院副教授
郭思佳　中国科学院大学经济与管理学院博士后
刘倚溪　中国科学院大学经济与管理学院博士研究生
井一涵　中国科学院大学中丹学院博士研究生
雷颜溪　中国科学院大学经济与管理学院博士研究生
陈立轩　中国科学院大学经济与管理学院博士研究生
杨　晓　中国科学院大学经济与管理学院博士研究生
黄玺蓉　中国科学院大学经济与管理学院博士研究生
张楚晗　中国科学院大学经济与管理学院博士研究生
刘启航　中国科学院大学中丹学院博士研究生
朱自超　中国科学院大学经济与管理学院博士研究生
张明威　中国科学院大学经济与管理学院硕士研究生
许潇月　中国科学院大学中丹学院硕士研究生
庚　辰　中国科学院大学经济与管理学院硕士研究生
米安然　中国科学院大学经济与管理学院硕士研究生
李晓荷　中国科学院大学经济与管理学院硕士研究生
郭家豪　中国科学院大学经济与管理学院硕士研究生
李思博　中国科学院大学经济与管理学院硕士研究生
黄美霖　中国科学院大学经济与管理学院硕士研究生
潘为鹏　中国科学院大学经济与管理学院硕士研究生
李燕妮　中国科学院大学经济与管理学院硕士研究生

序

　　房地产业的发展在我国经济发展中占据重要位置，并且与我国人民群众的幸福感有着紧密联系，因此，研究我国房地产业、房地产市场的发展具有重大意义。

　　中国科学院预测科学研究中心和中国科学院大学中国产业研究中心坚持投身于宏观经济及房地产业等重要行业分析、预测等方面的研究工作，科学地使用各种理论和方法对宏观经济运行的关键指标进行预测，找出宏观经济发展的部分潜在风险，并据此构建预警体系，提出针对性的政策建议，进而为政府制定宏观经济政策提供依据。《2023中国房地产市场回顾与展望》是在中国科学院预测科学研究中心的支持下，由中国科学院大学中国产业研究中心对我国房地产行业、房地产市场进行考察研究后形成的一个阶段性成果。

　　《2023 中国房地产市场回顾与展望》根据多个权威数据库公布的最新统计数据，从宏观、中观、微观角度，借助指数构建、定性总结、定量预测等多元化方法，较全面地整理评述了 2022 年的房地产市场政策，以及房地产市场开发投资、供需和价格波动等多层次的市场运行情况。同时，该书结合当年的宏观金融变化情况，选取对房地产市场运行具有相对重要影响的关键城市，如北京、上海等一线城市和部分新一线、二线城市，对我国城市层面的房地产市场运行进行了细致研究。最后，从房地产市场的供给、需求、价格、政策等方面对 2023 年我国房地产的发展趋势给出系统预测，并针对政府、企业、居民等不同角色在当前时期较为关注的重点问题，提出相应的政策建议和市场发展情况展望。

　　《2023 中国房地产市场回顾与展望》可供政府相关部门在制定和调整政策时参考，也可为房地产企业开发投资决策、居民购房决策提供参考。同时，对房地产相关研究机构和学者开展学术研究有一定的参考价值。

　　希望中国科学院预测科学研究中心和中国科学院大学中国产业研究中心能继续坚持这项研究工作，为推动我国房地产行业健康持续发展做出贡献。

汪寿阳

中国科学院预测科学研究中心

2022 年 12 月

前 言

2022 年，疫情多地频发、多个期房项目出现交付问题等超预期因素频出，叠加居民购房需求减弱，房地产行业面临极大挑战。中央要求压实地方政府责任，保交楼、稳民生。2022 年，房地产各项政策持续放松，特别是 11 月以来，中国人民银行、中国银行保险监督管理委员会、中国证券监督管理委员会等多个监管部门连续释放利好，信贷、股权、债券"三箭齐发"，协力落实"保交楼"、支持优质房企融资。由此可见，监管对房企融资态度发生根本转向，纾困方向从此前"救项目"转换至"救项目与救企业并存"，房企的融资环境得到优化。

本书根据国家统计局、Wind 数据库、中国经济信息网等多个权威数据库公布的最新统计数据，从房地产开发投资、房地产供需和房地产价格等多个方面回顾了 2022 年我国房地产市场的运行情况，解析了 2022 年各级政府颁布的房地产调控政策，着重对北京、上海等一线城市以及部分新一线、二线城市房地产市场运行情况进行了分析总结，综述了 2022 年房地产金融形势变化，预测了 2023 年房地产市场供给、需求、价格等重要指标的变化，并对相关热点问题进行了深入分析。

本书由董纪昌、刘颖、李秀婷、贺舟、董志、郭思佳、刘倚溪、井一涵、雷颜溪、陈立轩、杨晓、黄玺蓉、张楚晗、刘启航、朱自超、张明威、许潇月、庚辰、米安然、李晓荷、郭家豪、李思博、黄美霖、潘为鹏、李燕妮编写，是国家自然科学基金项目（71850014、71974180、72004214）的阶段性成果。

本书得到了中国科学院大学中国产业研究中心、中国科学院预测科学研究中心的支持，特别是中国科学院预测科学研究中心主任汪寿阳教授的悉心指导和帮助。科学出版社的马跃编辑等也为本书的出版付出了辛勤的劳动。在此，我们向所有为本书提供过帮助与支持的单位、领导及同事表示最诚挚的感谢!

由于学识、水平和能力所限，书中可能存在一些有待商榷和值得探讨的地方，欢迎各界朋友与我们交流、探讨，提出批评与指正。

董纪昌　李秀婷

中国科学院大学经济与管理学院

2022 年 12 月

目 录

第一章　2022 年房地产市场运行情况

2022 年 1~11 月，全国房地产市场延续调整态势，市场整体而言依然遇冷。具体而言，受房地产调控政策边际效益、国际环境及疫情等综合因素的影响，房地产开发资金来源加速下滑至年中后稳定态势，房地产开发投资增速持续下滑；受房地产交易市场活跃度不足、企业资金压力大等因素影响，土地购置面积同比增速下行明显，全年负增长；受到疫情影响，2022 年房地产开、竣工面积增速态势相似，全年为负，逐渐下滑；2022 年中央频繁释放积极信号，全面落实因城施策，行业政策进入宽松期，政策效果持续显现，房地产开发贷款余额增速触底反弹，呈现回升趋势，住房开发贷款虽有回升但总体仍在下跌，个人住房贷款额基本不变，同比继续下滑。商品房库存高于2021 年，与住宅销售面积同比走势相同，稳步上升。较之 2021 年，2022 年商品房和住宅累计销售面积和销售额同比年初下滑后始终没有回暖，大幅下降，全年负增长，地区间销售表现加剧分化。百城住宅价格均值年中小幅度上升，但仍低于 2021 年。指数整体呈下降趋势，2022 年 1~11 月百城住宅价格指数同比增速小幅上升，二线城市更为明显，三线城市的同比增速在春夏季加速下滑后短暂回暖，之后继续下降，地区间销售表现同 2021 年一样，分化加剧。

第一节　房地产开发投资

一、房地产开发投资额

2022 年 1~11 月，房地产开发投资整体上进入下行区间。从国内压力来看，国内新冠疫情形势较为严峻，疫情防控政策有所收紧。从国际压力来看，俄乌冲突等国际事件为我国经济发展带来了一定的政治不确定性。虽然中央及地方出台多项政策提振市场信心，稳定房地产市场，但市场对政策的敏感度下降，政策边际作用明显减弱，政策成效尚未显现。

如图 1.1 所示，房地产累计开发投资额同比增速全年呈下降趋势，其中 2022 年 1~3 月相较上年同期仍有所增长，但自 2022 年 4 月起，房地产累计开发投资额进入负增长区间，且降幅逐渐扩大。2022 年 1~11 月全国房地产累计开发投资额达到 123 863.00 亿元，同比下降 9.8%，增速下降15.8 个百分点。其中住宅累计开发投资额 94 016.00 亿元，同比下降9.2%，增速下降 17.3 个百分点。

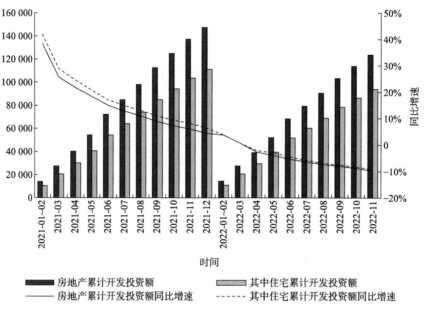

图 1.1　2021~2022 年房地产累计开发投资额及同比增速

资料来源：Wind 数据库

　　2022 年 1~11 月，东部地区房地产开发投资额 67 485.00 亿元，中部地区房地产开发投资额 26 866.00 亿元，西部地区房地产开发投资额 25 655.00 亿元。表 1.1 反映了 2015~2022 年各地区的房地产开发投资情况。2022 年房地产开发投资额占比在东部和中部地区有所提升，在西部地区有一定下降。2022 年，受国内疫情防控形势和国外不确定性的影响，我国房地产市场投资布局有所调整，国内房地产资金更多向中部地区流动，但东、中、西部房地产开发投资额均相较 2021 年同期有所收缩。

表 1.1　2015~2022 年各地区房地产开发投资情况

年份	房地产开发投资额/亿元			房地产开发投资额占比		
	东部	中部	西部	东部	中部	西部
2022（截至 11 月）	67 485.00	26 866.00	25 655.00	56.23%	22.39%	21.38%
2021	77 695.00	31 161.00	33 368.00	54.63%	21.91%	23.46%
2020	74 564.00	28 802.00	32 654.00	54.82%	21.17%	24.01%
2019	69 313.00	27 588.00	30 186.00	54.54%	21.71%	23.75%
2018	64 355.00	25 180.00	26 009.00	55.70%	21.79%	22.51%
2017	58 023.00	23 884.00	23 877.00	54.85%	22.58%	22.57%
2016	56 233.00	23 286.00	23 061.00	54.82%	22.70%	22.48%
2015	49 673.00	19 122.00	21 709.00	54.88%	21.13%	23.99%

　　注：东部地区包括北京、天津、河北、辽宁、上海、江苏、浙江、福建、山东、广东和海南 11 个省（市）；中部地区包括山西、吉林、黑龙江、安徽、江西、河南、湖北、湖南 8 个省；西部地区包括内蒙古、广西、重庆、四川、贵州、云南、西藏、陕西、甘肃、青海、宁夏、新疆 12 个省（区、市）

　　资料来源：Wind 数据库

如表 1.2 所示，2022 年 1~11 月各类型商品房开发投资额整体上均处于下行区间。其中用于住宅部门的开发投资额降幅相对较缓。在 2022 年 3 月前，住宅部门商品房开发投资额同比增速仍处于正值区间，但在 4 月以后，住宅部门开发投资额转为负增长，且降幅逐月扩大至 11 月的 9.20%。办公楼和商业营业用房全年均处于负增长区间，但在 4 月前后同样出现了较大幅度的下降。其他部门的房地产开发投资额虽出现了较大波动，但整体上仍然遵从 1~3 月实现正增长，但 4 月之后出现负增长的趋势。总体来说，我国房地产开发仍然以住宅开发为主，2022 年 1~11 月全国住宅开发投资额为 94 016.00 亿元，其他投资次之，为 15 176.00 亿元，商业营业用房开发投资额为 9 845.00 亿元，办公楼开发投资额仅为 4 826.00 亿元。总体来看，2022 年虽然受内部因素和外部冲击影响，商品房市场投资出现了一定的收缩，但随着中央和地方旨在"保交楼""保障合理融资需求"的一系列提振市场的政策出台，我国居民部门的合理供给得到了一定程度上的稳定，住宅市场的冲击相较办公、商业地产市场所受冲击较小。

表 1.2　2022 年 1~11 月各类型商品房开发累计投资情况

时间	开发投资额/亿元				开发投资额同比增速			
	住宅	办公楼	商业营业用房	其他	住宅	办公楼	商业营业用房	其他
2022-01~02	10 768.87	664.94	1 242.09	1 823.48	3.70%	−1.50%	−0.70%	9.05%
2022-03	20 761.26	1 171.78	2 347.35	3 484.56	0.70%	−1.60%	−2.10%	3.56%
2022-04	29 527.27	1 554.49	3 259.19	4 813.36	−2.10%	−8.20%	−5.30%	−2.58%
2022-05	39 521.24	2 000.36	4 269.77	6 342.25	−3.00%	−9.40%	−7.00%	−6.31%
2022-06	51 804.50	2 616.27	5 528.23	8 365.21	−4.50%	−10.10%	−8.70%	−6.75%
2022-07	60 237.69	3 035.24	6 408.20	9 781.26	−5.80%	−10.30%	−10.20%	−5.94%
2022-08	68 877.80	3 495.91	7 267.74	11 167.41	−6.90%	−10.10%	−11.60%	−6.73%
2022-09	78 556.05	4 005.60	8 276.43	12 720.46	−7.50%	−9.90%	−12.20%	−7.78%
2022-10	86 519.61	4 402.72	9 079.36	13 943.61	−8.30%	−10.30%	−13.50%	−8.31%
2022-11	94 016.00	4 826.00	9 845.00	15 176.00	−9.20%	−11.30%	−14.50%	−9.50%

资料来源：Wind 数据库

二、房地产开发资金结构

2022 年以来，随着我国宏观经济环境的变化和国际风险性事件的爆发，我国房地产行业融资情况有所收紧，房地产企业融资环境相对紧缩，房地产企业开发资金来源同比增速有所下滑。如图 1.2 所示，2022 年 1~5 月，房地产开发企业资金来源同比增速持续下滑。随着 2022 年 7 月中央政治局会议提出稳定房地产市场，支持刚性和改善性住房需求，保交楼、稳民生，该同比增速趋于稳定。截至 11 月，房地产开发企业资金来源累计达到 136 313 亿元，同比下降 25.70%。如图 1.3 所示，其中国内贷款 15 823 亿元，占比 11.61%，同比下降 26.90%；利用外资 66 亿元，占比 0.05%，同比下降 26.60%；自筹资金 48 994 亿元，占比 35.94%，同比下降 17.50%；其他资金 71 430 亿元，占比 52.40%，同比下降 29.85%。从构成上看，相较 2021 年同期，其他资金来源占比有所回落，国内贷款及自筹资金占比有所上升。

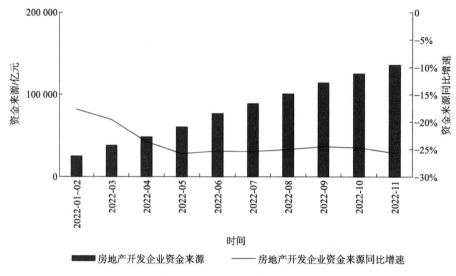

图 1.2　2022 年房地产开发企业资金来源及同比增速

资料来源：Wind 数据库

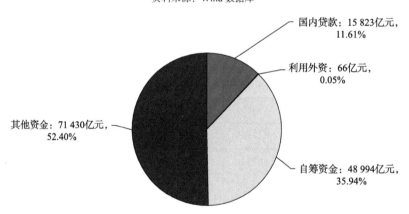

图 1.3　2022 年房地产开发企业资金来源构成

资料来源：Wind 数据库

如表 1.3 和表 1.4 所示，从 2022 年 1~11 月房地产开发投资的各项资金来源看，总投资增速和各项资金（除利用外资外）增速均呈下降趋势。其中，利用外资同比增速波动较为剧烈。纵向比较，总投资、国内贷款、其他资金均表现出 1~5 月同比增速快速下降，6 月以后相对稳定或小幅回升的趋势。自筹资金部分同比增速降幅持续扩大，利用外资部分波动较大，且 4~5 月利用外资峰值明显。横向比较，在总资金中占比较高的其他资金同比增速降幅最为明显，国内贷款增速降幅次之，自筹资金增速降幅最低。

表 1.3 2022 年 1~11 月房地产开发企业资金主要来源情况

时间	总投资	国内贷款	利用外资	自筹资金	其他资金
2022-01~02	25 142.99	4 105.20	7.44	7 757.27	13 273.08
2022-03	38 158.54	5 525.43	10.43	12 395.05	20 227.63
2022-04	48 522.17	6 837.04	38.09	16 271.44	25 375.60
2022-05	60 404.36	8 045.30	50.55	21 060.78	31 247.73
2022-06	76 847.10	9 806.02	54.69	27 223.61	39 762.78
2022-07	88 770.36	11 030.51	53.45	31 495.32	46 191.27
2022-08	100 817.08	12 279.83	59.17	35 771.09	52 706.99
2022-09	114 298.06	13 660.74	60.73	40 568.31	60 008.28
2022-10	125 480.11	14 786.32	62.18	44 856.06	65 775.55
2022-11	136 313.00	15 823.00	66.00	48 994.00	71 430.00

表 1.4 2022 年 1~11 月房地产开发企业资金主要来源同比增速情况

时间	总投资	国内贷款	利用外资	自筹资金	其他资金
2022-01~02	−17.70%	−21.10%	−27.40%	−6.20%	−22.29%
2022-03	−19.60%	−23.50%	−7.80%	−4.80%	−25.68%
2022-04	−23.60%	−24.40%	129.40%	−5.20%	−32.00%
2022-05	−25.80%	−26.00%	101.00%	−7.20%	−34.62%
2022-06	−25.30%	−27.20%	30.70%	−9.70%	−32.88%
2022-07	−25.40%	−28.40%	20.70%	−11.40%	−32.06%
2022-08	−25.00%	−27.40%	11.60%	−12.30%	−31.21%
2022-09	−24.50%	−27.20%	2.70%	−14.10%	−29.77%
2022-10	−24.70%	−26.60%	−13.50%	−14.80%	−29.85%
2022-11	−25.70%	−26.90%	−26.60%	−17.50%	−29.85%

2022 年 1~11 月，我国房地产市场在"稳地价、稳房价、稳预期，因城施策促进房地产业良性循环和健康发展"的主要基调下，出台多项支持房地产市场平稳健康发展的政策，加大对优质开发商的流动性支持、加大对刚性住房需求的金融支持、加大对房价过快下跌城市的政策支持，允许居民杠杆率阶段性合理上升，力求房地产市场乃至全国经济的平稳发展。2022 年 3 月政府工作报告指出，要探索新的发展模式，坚持租购并举，加快发展长租房市场，推进保障性住房建设，支持商品房市场更好满足购房者的合理住房需求，稳地价、稳房价、稳预期，因城施策促进房地产业良性循环和健康发展。7 月中央政治局会议强调要稳定房地产市场，坚持"房子是用来住的、不是用来炒的"定位，因城施策用足用好政策工具箱，支持刚性和改善性住房需求，压实地方政府责任，保交楼、稳民生。在这些政策纲领性文件的指导下，2021 年下半年，国家卫生健康委员会、中国人民银行、中国银行保险监督管理委员会、财政部、国家税务总局出台一系列措施，保障房地产企业的合理性融资需求。2022 年 11 月以来，中国人民银行和

中国银行保险监督管理委员会陆续出台政策，并提出了 16 条措施支持房地产企业的平稳健康发展，并明确商业银行出具保函置换预售监管资金相关要求，支持优质房地产企业合理使用预售监管资金，防范化解房地产企业流动性风险，促进房地产市场平稳健康发展。这一系列针对房地产企业的宽松性政策虽因距今时间较短，效果尚未完全释放，但预期能较大程度上缓解房地产开发企业的融资不足问题，未来房地产开发资金面有望回暖。

第二节　房地产供需情况

一、土地市场供给情况

如图 1.4 所示，2022 年 1~11 月，全国房地产业累计土地购置面积为 8 455 万平方米，同比增速下降 53.8%。2022 年全国累计土地购置面积同比增速全年始终为负值。受房地产交易市场活跃度不足、企业资金压力大等因素影响，全国房地产业累计土地购置面积明显缩减，2022 年全年累计土地购置面积较 2021 年明显下降。

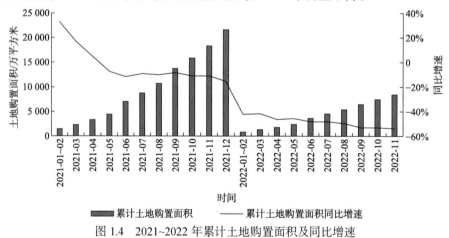

图 1.4　2021~2022 年累计土地购置面积及同比增速

资料来源：Wind 数据库

二、房地产开发建设情况

受多地疫情反复等超预期因素影响，2022 年我国房地产开发建设面临着较大挑战，加之居民购房意愿下降，房地产开发商信心不足，使得整体市场持续走弱。如图 1.5 所示，2022 年 1~11 月我国商品房累计新开工面积规模显著低于 2021 年同期，同比增速始终为负且不断降低。2022 年 1~11 月，商品房累计新开工面积为 111 632 万平方米，同比增速下降 38.9%。其中，住宅累计新开工面积为 81 734 万平方米，同比增速下降 39.5%。

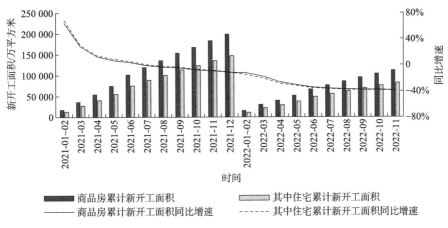

图 1.5 2021~2022 年商品房累计新开工面积及同比增速

资料来源：Wind 数据库

2022 年房地产竣工面积增速与新开工面积增速呈相似态势。如图 1.6 所示，2022 年 1~11 月我国商品房累计竣工面积同比增速始终为负，在 7 月跌至最低点-23.3%后，同比增速略有回升，但仍显著低于 2021 年同期。截至 2022 年 11 月，我国商品房累计竣工面积为 55 709 万平方米，同比增速为-18.7%，增速较 1~10 月降低 0.1 个百分点。商品房累计竣工面积同比增速在 2022 年初由正转负后始终保持低位运行，2022 年第四季度商品房累计竣工面积同比增速表现并不乐观。

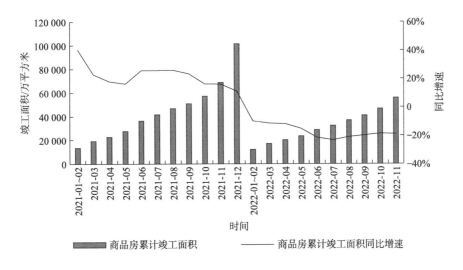

图 1.6 2021~2022 年商品房累计竣工面积及同比增速

资料来源：Wind 数据库

三、房地产贷款情况

如图 1.7、图 1.8 所示，2022 年第三季度末，我国房地产开发贷款余额 12.67 万亿元，该季度同比增长 2.2%，增速比上半年高 2.4 个百分点。2022 年中央频繁释放积极信号，各地全面落实因城施策，行业政策进入宽松期，随着政策效果持续显现，房地产开发贷款余额增速触底反弹，呈现出回升趋势。其中，住房开发贷款余额在第三季度末为 9.50 万亿元，同比下降 1.1%，增速较上个季度略微提高 0.3 个百分点，但总体仍保持下跌走向。2022 年第三季度末，个人住房贷款余额为 38.91 万亿元，同比增长 4.1%，增速较上个季度末下降 2.11 个百分点，持续下跌。

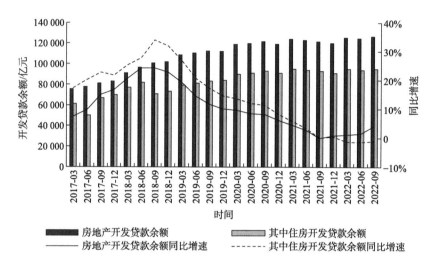

图 1.7　2017~2022 年房地产开发贷款余额及同比增速

资料来源：Wind 数据库

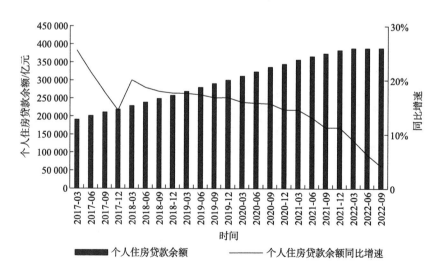

图 1.8　2017~2022 年个人住房贷款余额及同比增速

资料来源：Wind 数据库

四、商品房库存情况

截至 2022 年 11 月，我国商品房累计待售面积和住宅累计待售面积分别为 55 203 万平方米和 26 294 万平方米，同比增速分别为 10.0%和 18.0%，如图 1.9 所示。虽然 2022 年商品房累计竣工面积明显下降，商品房累计待售面积却始终高于 2021 年同期水平，且同比增速在下半年呈逐步上升的趋势，其中住宅累计待售面积同比增速走势大体相同，在 6 月之后不断扩大。

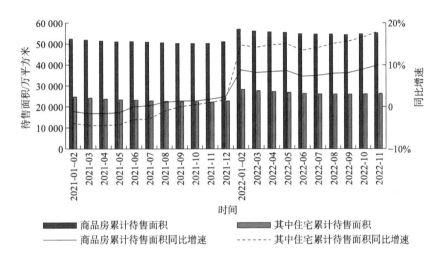

图 1.9 2021~2022 年商品房累计待售面积及同比增速

资料来源：Wind 数据库

五、商品房销售情况

如图 1.10 所示，2022 年 1~11 月，我国商品房累计销售面积为 121 250 万平方米，同比增速为−23.3%。其中，住宅累计销售面积为 102 727 万平方米，同比增速为−26.2%。2022 年以来，商品房和其中住宅累计销售面积的同比增速都表现出持续下降趋势。如图 1.11 所示，2022 年 1~11 月，我国商品房累计销售额为 118 648 亿元，同比增速为−26.6%。其中，住宅累计销售额为 104 188 亿元，同比增速为−28.4%。在年初略有下降之后，商品房和其中住宅累计销售额同比增速基本保持不变。2022 年，购房者置业信心不足，成交规模大幅降低，市场整体情绪偏低，但随着政策优化加之疫情影响逐渐弱化，商品房交易市场有望进一步恢复。

分区域来看，2022 年 11 月，我国东部、中部、西部和东北部地区商品房累计销售面积分别为 50 213 万平方米、36 235 万平方米、31 054 万平方米、3 748 万平方米，同比增速分别为−22.8%、−19.0%、−27.0%、−35.9%；各地区商品房累计销售额分别为 68 722 亿元、25 230 亿元、21 875 亿元、2 820 亿元，同比增速分别为−25.6%、−24.0%、−30.5%、−39.5%。具体如表 1.5 和表 1.6 所示。

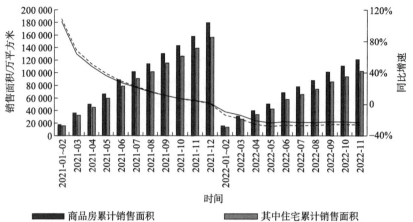

图 1.10 2021~2022 年商品房累计销售面积及同比增速

资料来源：Wind 数据库

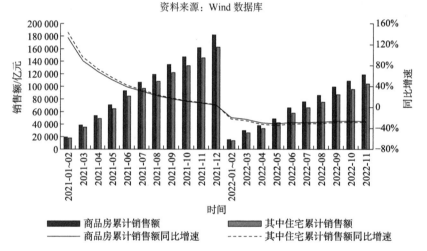

图 1.11 2021~2022 年商品房累计销售额及同比增速

资料来源：Wind 数据库

表 1.5 2022 年 1~11 月全国各区域商品房销售面积情况

时间	商品房累计销售面积/万平方米				商品房累计销售面积同比增速			
	东部	中部	西部	东北部	东部	中部	西部	东北部
2022-01~02	6 219	4 275	4 840	369	−17.8%	−2.2%	−3.3%	−13.3%
2022-03	12 147	9 061	9 139	698	−20.9%	−6.0%	−9.0%	−28.8%
2022-04	15 502	11 787	11 616	864	−28.0%	−13.9%	−14.5%	−42.7%
2022-05	19 926	14 989	14 626	1 197	−29.8%	−16.7%	−18.2%	−43.2%
2022-06	27 134	20 867	19 053	1 869	−27.5%	−15.2%	−19.3%	−37.1%
2022-07	31 103	23 693	21 131	2 251	−27.4%	−16.5%	−21.6%	−35.4%
2022-08	35 593	26 279	23 388	2 630	−25.8%	−17.1%	−23.2%	−35.7%
2022-09	41 798	30 152	26 371	3 100	−23.3%	−17.1%	−24.0%	−34.8%
2022-10	45 968	33 166	28 629	3 415	−22.6%	−17.5%	−25.0%	−35.0%
2022-11	50 213	36 235	31 054	3 748	−22.8%	−19.0%	−27.0%	−35.9%

资料来源：Wind 数据库

表 1.6   2022 年 1~11 月全国各区域商品房销售额情况

时间	商品房累计销售额/亿元				商品房累计销售额同比增速			
	东部	中部	西部	东北部	东部	中部	西部	东北部
2022-01~02	8 878	3 016	3 281	284	−25.3%	−8.0%	−9.4%	−21.0%
2022-03	16 487	6 420	6 199	549	−27.7%	−11.8%	−16.9%	−33.9%
2022-04	20 899	8 295	7 923	673	−34.2%	−20.8%	−21.8%	−46.9%
2022-05	26 905	10 525	9 980	926	−35.2%	−23.5%	−26.1%	−47.6%
2022-06	36 812	14 582	13 206	1 472	−32.0%	−21.5%	−25.3%	−41.0%
2022-07	42 715	16 567	14 721	1 760	−31.0%	−22.7%	−27.0%	−39.5%
2022-08	49 111	18 394	16 337	2 026	−28.9%	−22.9%	−28.2%	−40.0%
2022-09	57 531	21 064	18 430	2 355	−26.2%	−22.8%	−28.4%	−39.0%
2022-10	63 021	23 129	20 097	2 585	−25.5%	−23.0%	−28.9%	−39.2%
2022-11	68 722	25 230	21 875	2 820	−25.6%	−24.0%	−30.5%	−39.5%

资料来源：Wind 数据库

　　整体来看，2022 年我国商品房累计销售面积和销售额的同比增速延续了上一年的下降趋势逐月收窄，且地区间的销售表现分化加剧，东部地区的商品房销售面积和销售额远高于其他地区。截至 2022 年 11 月，东部地区商品房累计销售面积和销售额分别为 50 213 万平方米和 68 722 亿元，占全国同期比重的 41.4% 和 57.9%。在商品房销售面积方面，受国家政策调控的影响，全国各地区的商品房累计销售面积同比增速逐月收窄，相比之下，我国中部地区的增速始终快于其他地区，而东北部地区较差的销售表现持续拉低全国增速水平。商品房销售额方面，全国各地区的商品房累计销售额同比增速逐月收窄，中部地区的增速始终快于其他地区，但四大地区在 2022 年全部负增长。

第三节　房地产价格波动

一、全国商品房销售均价增速下降

　　如图 1.12 所示，2022 年 1~10 月全国商品房销售均价为 9 788.89 元/米²，较 2021 年同期下降 4.87%。2022 年全国商品房销售均价相较 2021 年整体偏低，2022 年 1~4 月持续下降，5~10 月呈现缓慢上升的趋势。2022 年 1~10 月，全国商品房销售均价未超过 9 900 元/米²。

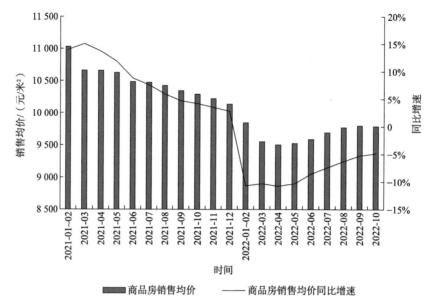

图 1.12　2021~2022 年全国商品房销售均价及同比增速

资料来源：国家统计局

二、百城住宅价格指数整体呈下降趋势

　　从百城住宅价格指数来看，2022 年 1~11 月整体的同比增速和环比增速较上年同期均呈现下降趋势，2022 年 11 月全国 100 个城市（样本）住宅价格指数同比上涨 0.04%，环比下降 0.06%。如图 1.13 所示，自 2022 年 1 月起，百城住宅价格指数同比增速持续下行；环比增速在 2022 年 1~11 月均处于波动状态，并在 2022 年 7 月后出现负增长的情况。

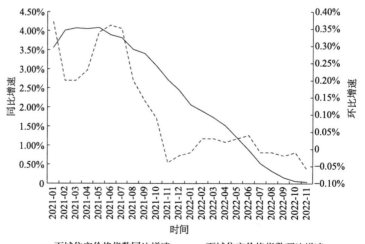

图 1.13　2021~2022 年百城住宅价格指数同比和环比增速

资料来源：Wind 数据库

从各级城市来看，如表 1.7 所示，2022 年 11 月一线城市住宅平均价格为 43 660.75 元/米²、二线城市住宅平均价格为 14 997.32 元/米²、三线城市住宅平均价格为 10 036.65 元/米²。2022 年 1~11 月一线城市住宅平均价格较为平稳，二线城市住宅平均价格缓慢上涨，三线城市住宅平均价格整体下降。如图 1.14 所示，2022 年 1~11 月一线、二线、三线城市的百城住宅价格指数同比增速整体均呈现下降趋势。具体来看，一线城市 2022 年 11 月百城住宅价格指数较 2021 年同期上涨 0.2%，二线城市 2022 年 11 月百城住宅价格指数较 2021 年同期上涨 0.39%，三线城市 2022 年 11 月百城住宅价格指数较 2021 年同期下降 0.66%。

表 1.7　2022 年 1~11 月百城住宅平均价格（一线、二线、三线城市）单位：元/米²

时间	一线城市	二线城市	三线城市
2022-01	43 585.75	14 950.82	10 089.15
2022-02	43 646.75	14 941.55	10 083.96
2022-03	43 667.75	14 945.73	10 080.39
2022-04	43 681.25	14 950.95	10 074.78
2022-05	43 742.00	14 959.14	10 057.36
2022-06	43 754.00	14 976.45	10 067.12
2022-07	43 720.50	14 992.91	10 065.70
2022-08	43 734.00	15 003.95	10 057.30
2022-09	43 717.00	15 003.68	10 053.12
2022-10	43 685.75	15 006.00	10 046.27
2022-11	43 660.75	14 997.32	10 036.65

资料来源：Wind 数据库

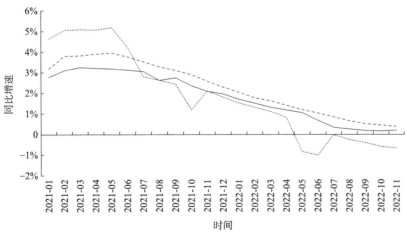

图 1.14　2021~2022 年百城住宅平均价格指数同比增速（一线、二线、三线城市）

资料来源：Wind 数据库

第二章 房地产市场相关政策与评述

    2022 年，我国经济运行的外部环境仍严峻复杂，国内多地疫情反复，叠加中长期住房需求动能释放减弱，房地产行业面临着前所未有的挑战。2022 年以来，中央和各部委频繁释放积极信号，全年两次中央政治局会议提及房地产，其中 7 月比 4 月政策定调更积极，两次会议均强调要坚持"房住不炒"定位。此外，各地全面落实因城施策，上半年地方优化政策近 500 次，创历史同期新高，行业政策环境进入宽松周期。

    2022 年 10 月 16 日，中国共产党第二十次全国代表大会在北京人民大会堂开幕。党的二十大报告在回顾过去新时代十年变革的基础上，规划了我国未来五年乃至更长时期党和国家事业发展的目标任务和大政方针。其中，从"增进民生福祉，提高人民生活品质"[①]的角度阐述了房地产发展方向，即"坚持房子是用来住的、不是用来炒的定位，加快建立多主体供给、多渠道保障、租购并举的住房制度"[②]。在"房住不炒"总基调指导下，监管部门多次出台利好政策，从支持需求端到支持企业端，政策力度不断加大，也进一步为地方因城施策释放空间。2022 年已有超 300 省市（县）出台政策近千条，达到近年峰值，政策力度进一步加强，对需求端政策的优化频发，多地房贷利率达历史低位。11 月，中国人民银行和中国银行保险监督管理委员会联合发布《关于做好当前金融支持房地产市场平稳健康发展工作的通知》，再次明确"坚持房子是用来住的、不是用来炒的定位"。该通知包含 16 项具体举措，从供需两端全面支持房地产市场平稳健康发展，政策力度空前，主要包括：通过企业债务展期并支持融资稳定市场主体，"保交楼"促进购房者信心恢复，支持个人购房信贷带动市场销售恢复，促进房地产市场平稳健康发展。

第一节　2022 年 1 月~2022 年 11 月主要房地产政策一览

    2022 年是党和国家历史上极为重要的一年。面对风高浪急的国际环境和艰巨繁重的国内改革发展稳定任务，全党全国各族人民迎难而上，砥砺前行，发展质量稳步提升，经济社会大局稳定，决胜全面建成小康社会取得决定性成就。与此同时，2022 年

[①] 习近平：高举中国特色社会主义伟大旗帜 为全面建设社会主义现代化国家而团结奋斗——在中国共产党第二十次全国代表大会上的报告[EB/OL]. http://www.gov.cn/xinwen/2022-10/25/content_5721685.htm，2022-10-25.

[②] 习近平：决胜全面建成小康社会 夺取新时代中国特色社会主义伟大胜利——在中国共产党第十九次全国代表大会上的报告[EB/OL]. http://www.gov.cn/zhuanti/2017-10/27/content_5234876.htm，2017-10-27.

全国房地产市场经历了前所未有的挑战，包括商品房销售规模大幅下降、房企频现债务危机等。为稳定楼市，中央频繁释放积极信号，从支持需求端到支持企业端，政策力度不断加大。

在房地产市场政策方面：2022年7月，中共中央政治局会议指出，压实地方政府责任，保交楼、稳民生，中央从供需两端实现房地产行业金融风险调控，中央和地方防控体系不断改进。具体而言，主要集中在以下几方面：第一，在房地产市场调控方面，中央始终坚持稳字当头，"房住不炒"和保交楼，并要求进一步落实城市政府主体责任，针对上半年房地产市场出现的新情况，及时推出积极政策进行应对；第二，在保障性住房方面，持续出台一系列政策，并公布相关进展，同时对自建房安全隐患进行消除，切实保障人民群众生命财产安全和社会大局稳定，并进一步推进新型城镇化；第三，在金融与财政政策方面，确保在不发生系统性风险的前提之下，合理释放流动性，满足居民刚性需求和房地产健康可持续发展；第四，在税收方面，对居民和企业减少税负压力，为经济发展提供动力，对公积金相关管理也采取了改进措施；第五，其他政策方面，改善社区条件，满足居民居住体验，试点智能城市展望未来，发展绿色环保，确保可持续性发展。具体政策汇总及评述如下。

一、房地产调控政策

（1）2022年1月26日，财政部、国家税务总局印发《关于基础设施领域不动产投资信托基金（REITs）试点税收政策的公告》，其中指出，设立基础设施 REITs 前，原始权益人向项目公司划转基础设施资产相应取得项目公司股权，适用特殊性税务处理，即项目公司取得基础设施资产的计税基础，以基础设施资产的原计税基础确定；原始权益人取得项目公司股权的计税基础，以基础设施资产的原计税基础确定。

解读：目前，我国优先支持基础设施补短板项目，鼓励新型基础设施项目开展试点，领域涵盖仓储物流，收费公路、机场港口等交通设施，水电气热等市政设施，以及污染治理、信息网络、产业园区等其他基础设施。通常而言，在我国基础设施 REITs 结构为"REITs（公募基金产品）—ABS（资产支持证券）—SPV（基础设施项目公司）"的三层结构，即由符合条件的取得公募基金管理资格的证券公司或基金管理公司，依法依规设立公开募集基础设施证券投资基金，经中国证券监督管理委员会注册后，公开发售基金份额募集资金，通过购买同一实际控制人所属的管理人设立发行的基础设施资产支持证券，完成对基础设施项目公司的股权收购，开展基础设施 REITs 业务。对基础设施 REITs 设立前、设立阶段、运营、分配等环节税收均做了原则性规定，向市场参与者传递了较为明朗的公募 REITs 税收政策试点信号。

（2）2022年3月1日，住房和城乡建设部印发《"十四五"住房和城乡建设科技发展规划的通知》。

解读：该通知提到，到 2025 年，住房和城乡建设领域科技创新能力大幅提升，科技创新体系进一步完善，科技对推动城乡建设绿色发展、实现碳达峰目标任务、建筑业转型升级的支撑带动作用显著增强。围绕建设宜居、创新、智慧、绿色、人文、韧性城市和美丽宜居乡村的重大需求，聚焦"十四五"时期住房和城乡建设重点任务，在城乡建设绿色低碳技术研究、城乡历史文化保护传承利用技术创新等9个方面，加强科技创新方向引导和战略性、储备性研发布局，突破关键核心技术、强化集成应用、促进科技成果转化。

（3）2022年7月25日，国家卫生健康委员会等十七部门发布《关于进一步完善和落实积极生育支持措施的指导意见》，提出精准实施购房租房向多子女家庭倾斜。

解读：更加精准满足改善型住房需求，同时可以刺激多胎生育。住房政策向多子女家庭倾斜，在缴存城市无自有住房且租赁住房的多子女家庭，可按照实际房租支出提取住房公积金；对购买首套自住住房的多子女家庭，有条件的城市可给予适当提高住房公积金贷款额度等相关支持政策。

（4）2022年9月30日，财政部和国家税务总局发布《关于支持居民换购住房有关个人所得税政策的公告》。该公告包括：自2022年10月1日至2023年12月31日，对出售自有住房并在现住房出售后1年内在市场重新购买住房的纳税人，对其出售现住房已缴纳的个人所得税予以退税优惠。其中，新购住房金额大于或等于现住房转让金额的，全部退还已缴纳的个人所得税；新购住房金额小于现住房转让金额的，按新购住房金额占现住房转让金额的比例退还出售现住房已缴纳的个人所得税。本公告所称现住房转让金额为该房屋转让的市场成交价格。新购住房为新房的，购房金额为纳税人在住房城乡建设部门网签备案的购房合同中注明的成交价格；新购住房为二手房的，购房金额为房屋的成交价格。

解读：该公告主要为支持居民改善住房条件，旨在鼓励居民换购住房、改善居住条件，满足居民换购住房需求，且限制在同城内，可以切实满足群众刚性需求和改善性需求，大幅降低炒房团炒房的可行性和炒房所得利益，深入贯彻"房住不炒"。

（5）2022年11月23日，中国人民银行、中国银行保险监督管理委员会印发《关于做好当前金融支持房地产市场平稳健康发展工作的通知》。该通知指出，稳定房地产开发贷款投放。支持各地在全国政策基础上，因城施策实施好差别化住房信贷政策，合理确定当地个人住房贷款首付比例和贷款利率政策下限，支持刚性和改善性住房需求。对于房地产企业开发贷款、信托贷款等存量融资，在保证债权安全的前提下，鼓励金融机构与房地产企业基于商业性原则自主协商，积极通过存量贷款展期、调整还款安排等方式予以支持，促进项目完工交付。

解读：在强调坚持"房子是用来住的、不是用来炒的"定位下，全面落实房地产长效机制，因城施策支持刚性和改善性住房需求，保持房地产融资合理适度，维护住房消费者合法权益，促进房地产市场平稳健康发展，明确释放了金融支持房地产平稳健康发展的政策信号，对于缓解房企资金链压力、提振购房者信心等具有积极作用，有助于促进房地产市场良性循环。

二、土地政策

（1）2022年1月6日，国务院办公厅发布《关于要素市场化配置综合改革试点总体方案的通知》。该通知旨在支持探索土地管理制度改革；鼓励优化产业用地供应方式；推动以市场化方式盘活存量用地；建立健全城乡统一的建设用地市场；进一步深化户籍制度改革；增加有效金融服务供给；强化试点法治保障。

解读：针对部分产业用地功能固化、存量用地效率偏低、城乡土地市场融合不足等问题，提出了探索赋予试点地区更大土地配置自主权，支持不同产业用地类型合理转换，以市场化方式盘活存量用地，推进农村宅基地、集体经营性建设用地改革等举措。

（2）2022年2月22日，《中共中央 国务院关于做好2022年全面推进乡村振兴重点工作的意见》发布。该意见提出，全力抓好粮食生产和重要农产品供给，强化现代农业基础支撑，坚决守住不发生规模性返贫底线，聚焦产业促进乡村发展，扎实稳妥推进乡村建设，突出实效改进乡村治理，加大政策保障和体制机制创新力度，坚持和加强党对"三农"工作的全面领导。

解读：从该政策可知，土地制度的主要目标可以分为五大类，即产权关系明晰化、农地权能完整化、流转交易市场化、产权保护平等化及农地管理法治化。

（3）2022年6月7日，国务院同意《"十四五"新型城镇化实施方案》，鼓励地方完善老旧厂区和城中村存量建设用地用途转变规则，探索建设用地地表、地下、地上分设使用权。稳步推进农村土地制度改革。落实第二轮土地承包到期后再延长30年政策，完善农村承包地所有权、承包权、经营权分置制度，进一步放活经营权，稳妥推进集体林权制度创新。稳慎推进农村宅基地制度改革，加快推进房地一体的宅基地使用权确权登记颁证，探索宅基地所有权、资格权、使用权分置有效实现形式。在充分保障农民宅基地合法权益的前提下，探索农村集体经济组织及其成员采取自营、出租、入股、合作等方式，依法依规盘活闲置宅基地和闲置住宅。建立土地征收公共利益认定机制，缩小土地征收范围。坚决守住土地公有制性质不改变、耕地红线不突破、农民利益不受损三条底线，实现好、维护好、发展好农民权益。

解读：灵活实现土地用地用途，实现多种用途，因地制宜，进一步促进农村经济发展。同时坚守粮食安全所需的耕地安全。

（4）2022年8月3日，自然资源部等七部门联合发布《关于加强用地审批前期工作积极推进基础设施项目建设的通知》。该通知的主要目的为加强用地空间布局统筹，联合开展选址选线，严格落实节约集约，改进优化用地审批，协同推进项目建设。

解读：为自然资源部门下一步更好地做好用地服务保障提供了政策支撑，将根据此次会议精神，用实用好各项政策措施，提高主动服务意识，加强用地政策宣传，加大与交通、能源、水利等基础设施建设部门沟通，建立快捷、高效、多元的部门协同工作机制，为各类项目建设提供用地服务保障。

（5）2022年10月16日，党的二十大召开。党的二十大报告指出，深化农村土地制度改革，赋予农民更加充分的财产权益。过去一年，第二轮土地承包到期后再延长

30年工作进入关键期，土地制度改革持续深入稳妥推进。

解读：土地是农民的"命根子"，是农村改革的核心与焦点。想要在土地上"做文章"，要在坚持集体所有制的前提下，保障农民的基本权益，稳定承包权。首先要搞清楚农村承包地"属于谁"。土地承包经营权确权登记颁证，做的就是给承包地发"身份证"的事，关系着二轮延包工作的顺利开展，也是提高土地要素配置效率、放活经营权的前提。随着农村承包地科学管理水平的进一步提升，土地经营权流转更加规范有序，全国家庭承包耕地土地经营权流转总面积不断增加，受理的农村土地承包经营纠纷持续下降，确权成果应用场景不断拓展。土地承包经营权登记成果信息共享的持续深入，为第二轮土地承包到期后再延长30年整县试点稳妥推进打下坚实的基础。

（6）2022年11月28日，农业农村部印发《关于〈农村宅基地管理暂行办法（征求意见稿）〉公开征求意见的通知》。该通知主要目的是规范农村宅基地管理，促进宅基地节约集约利用，保护农村村民合法权益。

解读：听取农民真实想法，了解农民真实态度，也可以了解农民真实需求、真实困难。同时，也从广大社会面集思广益，为之后政策决策提供帮助，维护好亿万农民的合法权益，为促进农业农村现代化和乡村全面振兴提供有力支撑。

三、保障性住房

（1）2022年2月16日，中国银行保险监督管理委员会、住房和城乡建设部发布《关于银行保险机构支持保障性租赁住房发展的指导意见》。该意见提出要稳妥做好对非自有产权保障性租赁住房租赁企业的金融支持，探索符合保障性租赁住房特点的担保方式，提供多样化金融服务，加强组织领导，优化金融服务组织架构，完善激励约束机制，推动保障性租赁住房相关配套措施尽快落地，加强保障性租赁住房项目监督管理，完善保障性租赁住房监管统计，加强风险管控。

解读：坚持"房子是用来住的、不是用来炒的"定位，构建多层次、广覆盖、风险可控、业务可持续的保障性租赁住房金融服务体系，加大对保障性租赁住房建设运营的支持力度。

（2）2022年3月14日，财政部、住房和城乡建设部发布《中央财政城镇保障性安居工程补助资金管理办法》。该办法明确补助资金支持范围包括租赁住房保障、城镇老旧小区改造以及城市棚户区改造等。

解读：该方法强调规范中央财政城镇保障性安居工程补助资金管理，加强属地监管，提高资金使用效益，杜绝使用相关资金进行债务偿还，为保障性住房打下坚实基础。

（3）2022年3月23日，住房和城乡建设部印发《全国城镇老旧小区改造统计调查制度》。

解读：该通知指导各地有序有效开展城镇老旧小区改造统计工作，及时了解新开工改造城镇老旧小区数量等指标，全面掌握改造小区情况及加装电梯、改造建设养老托育等服务设施的计划和改造情况，为各级政府制定政策和宏观管理提供依据。

（4）2022年4月8日，财政部、住房和城乡建设部印发《中央财政农村危房改造补助资金管理暂行办法》。该办法旨在进一步规范和加强中央财政农村危房改造补助资金管理，提高资金使用效益。

解读：积极响应乡村振兴，提高农村居民生活安全度，提升资金使用效率。确保资金使用安全，做到专项专用。同时，对相关绩效考评明确标准。

（5）2022年4月25日，国务院办公厅发布《关于进一步释放消费潜力促进消费持续恢复的意见》。该意见提出要完善长租房政策，扩大保障性租赁住房供给。支持缴存人提取住房公积金用于租赁住房，继续支持城镇老旧小区居民提取住房公积金用于加装电梯等自住住房改造。强化用地用房保障。加大土地、房屋节约集约和复合利用力度，鼓励经营困难的百货店、老旧厂区等改造为新型消费载体。鼓励通过先租后让、租让结合等方式为快递物流企业提供土地。

解读：该意见按照目标导向和问题导向相结合、短期支持和中长期促进相兼顾的要求，提出了五方面重点举措，包括：应对疫情影响，促进消费有序恢复发展；全面创新提质，着力稳住消费基本盘；完善支撑体系，不断增强消费发展综合能力；持续深化改革，全力营造安全放心诚信消费环境；强化保障措施，进一步夯实消费高质量发展基础。该意见有助于保住市场主体，从而有助于稳定就业、增加收入。

（6）2022年5月6日，中共中央办公厅、国务院办公厅印发了《关于推进以县城为重要载体的城镇化建设的意见》。该意见提出要加快改造建成年代较早、失养失修失管、配套设施不完善、居民改造意愿强烈的住宅小区，改善居民基本居住条件。完善老旧小区及周边水电路气热信等配套设施，加强无障碍设施建设改造。科学布局社区综合服务设施，推进养老托育等基本公共服务便捷供给。结合老旧小区改造，统筹推动老旧厂区、老旧街区、城中村改造，推进巩固拓展脱贫攻坚成果同乡村振兴有效衔接。

解读：该意见指出推动老旧小区改造，建立集约高效的建设用地利用机制。老旧小区改造，是城市更新行动的重要方面，与人民生活舒适度、幸福感密切相关。推进老旧小区改造，是一项顺民意、得民心的民生工程，对满足人民群众美好生活需要、促进经济社会高质量发展具有十分重要的意义。

（7）2022年9月6日，首批保障性租赁住房REITs上市。

解读：保障性租赁住房REITs的上市对于贯彻落实租购并举、推进保障性住房建设和促进房地产业良性循环和健康发展将具有十分积极的意义。同时，这也有利于加大存量资产盘活力度，完善投融资机制，深化保障性租赁住房市场化进程，推进形成新的行业发展模式，并为投资者提供更多元的金融产品，更好地分享经济发展红利。

（8）2022年9月29日，住房和城乡建设部办公厅印发《城镇老旧小区改造可复制政策机制清单（第五批）》。该清单总结了全国各地在城镇老旧小区改造中优化项目组织实施促开工、着力服务"一老一小"惠民生、多渠道筹措改造资金稳投资、加大排查和监管力度保安全、完善长效管理促发展、加强宣传引导聚民心等方面可复制政策机制。

解读：总结全国各地在城镇老旧小区改造中的可复制政策机制，供各地结合实际学习借鉴。

（9）2022 年 10 月 13 日，住房和城乡建设部办公厅、国家发展和改革委员会办公厅、财政部办公厅印发《关于做好发展保障性租赁住房情况年度监测评价工作的通知》。

解读：保障性住房是满足刚需人群需求的重要解决方案，通过监测确保其发展情况也是重中之重。年度监测评价要结合工作实际，突出各项支持政策落地见效，切实在解决新市民、青年人住房困难方面取得实实在在进展等。涉及加快发展保障性租赁住房建设计划完成情况、保障性租赁住房使用情况、税收优惠政策等 19 个评分参考。

（10）2022 年 11 月 25 日，住房和城乡建设部办公厅印发《城镇老旧小区改造可复制政策机制清单（第六批）》。

解读：该清单围绕城镇老旧小区改造工作统筹协调、项目生成、资金共担、多元参与、存量资源整合利用、改造项目推进、适老化改造、市政专业管线改造、小区长效管理等方面，提出一揽子改革举措，对破解城镇老旧小区改造难点堵点问题，探索存量住房更新改造可持续模式具有重要借鉴意义。

四、金融与财政

（1）2022 年 2 月 8 日，中国人民银行、中国银行保险监督管理委员会发布《关于保障性租赁住房有关贷款不纳入房地产贷款集中度管理的通知》。该通知明确了保障性租赁住房项目有关贷款不纳入房地产贷款集中度管理。

解读：该通知可以继续政策鼓励机构发放个人住房贷款，尤其是在年底前，部分城市的房贷利率还可以突破下限要求；也可以继续颁发政策鼓励机构稳定房地产开发贷款投放、稳定建筑企业信贷投放，这些都可以促进银行投放涉房贷款。

（2）2022 年 5 月 15 日，中国人民银行、中国银行保险监督管理委员会印发《关于调整差别化住房信贷政策有关问题的通知》，将首套住房商业性个人住房贷款利率下限调整为不低于相应期限 LPR（loan prime rate，贷款市场报价利率）减 20 个基点。

解读：该通知通过限制利率变动幅度，确保下降力度，各地下调房贷利率的空间进一步打开，预计各地将结合地方实际情况调整房贷利率，降低购房者置业成本，提高购房者置业意愿。

（3）2022 年 5 月 31 日，住房和城乡建设部、财政部、中国人民银行发布《关于印发〈全国住房公积金 2021 年年度报告〉的通知》。该通知提出，有效支持租赁住房消费，大力支持城镇老旧小区改造，以租购并举保障缴存职工基本住房需求。

解读：住房公积金服务能力进一步提升，服务渠道更加多元，更多高频服务事项实现"跨省通办"。住房公积金规范化管理持续推进，线上线下一体化监管体系初步形成。这意味着公积金在我国居民买房中的地位更加重要，对保障房相关支持也更加到位。

（4）2022年9月29日，中国人民银行、中国银行保险监督管理委员会印发《关于阶段性调整差别化住房信贷政策的通知》，决定阶段性放宽部分城市首套住房贷款利率下限。

解读：为坚持"房子是用来住的、不是用来炒的"定位，全面落实房地产长效机制，因城施策用足用好政策工具箱，更好支持刚性住房需求，促进房地产市场平稳健康发展。

（5）2022年9月30日，中国人民银行印发《关于下调首套个人住房公积金贷款利率的通知》，决定自2022年10月1日起下调首套个人住房公积金贷款利率0.15个百分点，5年以下（含5年）和5年以上利率分别调整为2.6%和3.1%。同时，第二套个人住房公积金贷款利率政策保持不变。

解读：住房公积金作为购房者重要的金融贷款之一，是为了买卖房屋设立的专项贷款资金，是购房者在购房过程中优先选择的贷款方式。该利率为有史以来最低的利率水平，体现了对消费，包括存量消费的鼓励，甚至可以起到卖旧房、换新房的传递效果，更加突出了首套个人住房公积金贷款相对于商业性个人住房贷款的利率优势。

（6）2022年11月12日，中国银行保险监督管理委员会办公厅、住房和城乡建设部办公厅、中国人民银行办公厅发布《关于商业银行出具保函置换预售监管资金有关工作的通知》。该通知共涉及12条措施，对保函的额度和期限、商业银行开具置换预售监管资金具备的条件、房地产企业如何使用保函、商业银行如何防范风险等内容做了明确规定。

解读：此次政策是预售资金监管方面的明显放松，对于房企盘活预售资金和改善流动性具有积极作用，有助于更好化解房企债务风险。此外，政策出台后，各地有望加快落地执行，为优质房企释放更多资金流动性。结合此前多个监管部门释放的政策利好，房地产市场信心有望得到进一步提振，多个政策叠加也可以更好地发挥效果。此次政策是预售资金监管方面的明显放松，对于房企盘活预售资金和改善流动性具有积极作用。说明预售资金监管更加灵活，保函可以置换监管账户的资金，但有额度限制，留存的资金需要基本确保项目可以竣工交付，剩余资金不足，出函银行应立即垫付，具有突破性和创新性。过去对于银行保函置换预售资金的操作，更多是明确要用于工程建设，而此次增加了新用途即偿还债务，有助于更好地化解房企债务风险。

五、税收政策

（1）2022年1月29日，发布《关于延长部分税收优惠政策执行期限的公告》，执行期限延长至2023年12月31日。

解读：此次延长税收优惠，可以进一步支持小微企业、科技创新和相关社会事业发展，其中对于公共租赁住房的税收优惠延长，可以减轻居民压力，间接促进更多群众选择公共租赁住房，促进其发展。

（2）2022年5月20日，住房和城乡建设部、财政部、中国人民银行发布《关于实施住房公积金阶段性支持政策的通知》。根据该通知，困难企业可按规定申请缓缴住房公积金，困难职工可延期归还住房公积金贷款本息，提高住房公积金租房提取额度。

解读：该通知为高效统筹疫情防控和经济社会发展，进一步加大住房公积金助企纾困力度，帮助受疫情影响的企业和缴存人共同渡过难关提供了办法。同时，住房公积金缓缴业务可通过现场、邮寄、网上平台等多种方式办理，非常便利。

（3）2022年5月24日，国务院发布《扎实稳住经济的一揽子政策措施》。该措施共包含六个方面 33 项措施。财政政策方面，进一步加大增值税留抵退税政策力度，预计新增留抵退税 1 420 亿元，加快财政支出进度，加快地方政府专项债券发行使用并扩大支持范围，2022年新增国家融资担保基金再担保合作业务规模1万亿元以上，加大稳岗支持力度和政府采购支持中小企业力度，扩大实施社保费缓缴政策。

解读：相关财政政策，可以向居民提供一定流动性，留抵退税将减少居民和企业税负压力，进而为消费经济释放红利。投资方面，配合国务院办公厅印发的《关于进一步盘活存量资产扩大有效投资的意见》，可以多种方式盘活存量资产。发展基础设施领域REITs，有序推进政府和社会资本合作，积极推进产权规范交易，发挥国有资本投资运营公司功能作用，挖掘闲置低效资产价值，支持兼并重组等其他盘活方式。盘活存量资产过程中，对参与的各类市场主体一视同仁，充分调动民间投资参与积极性。

（4）2022年6月21日，住房和城乡建设部等八部门公布《关于推动阶段性减免市场主体房屋租金工作的通知》。该通知提出被列为疫情中高风险地区所在的县级行政区域内的服务业小微企业和个体工商户承租国有房屋的，2022 年减免 6 个月租金，其他地区减免 3 个月租金。对出租人减免租金的，税务部门根据地方政府有关规定减免当年房产税、城镇土地使用税；鼓励国有银行对减免租金的出租人视需要给予优惠利率质押贷款等支持。各级履行出资人职责机构（或部门）负责督促指导所监管国有企业落实租金减免政策。有关部门在各自职责范围内指导各地落实国有房屋租金减免政策。

解读：该通知旨在减少居民压力，刺激经济活力，强调国有企业对租金减免起到带头左右，加大减免力度，并对疫情严重程度不同地区实施不同标准，鼓励因城施策。

（5）2022 年 7 月 18 日，住房和城乡建设部办公厅印发《住房公积金统计调查制度》。该制度主要调查目的为了解全国住房公积金管理的基本情况，为各级住房公积金监管部门制定政策和进行监管提供依据，主要调查内容包括机构调查、人员调查、业务运行、政策调查、资产和费用、服务。

解读：该制度意在了解全国住房公积金管理的基本情况，为各级住房公积金监管部门制定政策和进行监管提供依据。

（6）2022 年 8 月 1 日，住房和城乡建设部发布行业标准《住房公积金业务档案管理标准》，该标准计划 12 月实施。

解读：规范住房公积金管理中心档案管理；提升档案管理水平；促进档案管理工作规范化、制度化、科学化；确保档案的安全、真实、有效；更好地为住房公积金管理工作服务。

六、其他政策

（1）2022 年 5 月 24 日，国务院办公厅发布《全国自建房安全专项整治工作方案》。该方案提出要扎实推进全国自建房安全专项整治工作，全面消除自建房安全隐患，切实保障人民群众生命财产安全和社会大局稳定。

解读：该方案强调全面排查摸底；彻底整治自建房隐患；加强安全管理，保障人身及财产安全。

（2）2022 年 7 月 7 日，住房和城乡建设部、国家发展和改革委员会印发《"十四五"全国城市基础设施建设规划》。该规划提出到 2025 年，城市建设方式和生产生活方式绿色转型成效显著，基础设施体系化水平、运行效率和防风险能力显著提升，超大特大城市"城市病"得到有效缓解，基础设施运行更加高效，大中城市基础设施质量明显提升，中小城市基础设施短板加快补齐。并提出城市交通设施体系化与绿色化提升行动等 8 项行动，着力补短板、强弱项、提品质、增效益。

解读：老旧小区市政配套基础设施补短板行动，提升居民居住体验。从《2022 年新型城镇化和城乡融合发展重点任务》到《关于推进以县城为重要载体的城镇化建设的意见》，再到《"十四五"新型城镇化实施方案》，多份重磅政策文件释放了基础设施建设加速信号。

（3）2022 年 10 月 25 日，住房和城乡建设部发布《关于公布智能建造试点城市的通知》。该通知明确，经城市自愿申报、省级住房和城乡建设主管部门审核推荐和专家评审，决定将北京市等 24 个城市列为智能建造试点城市，试点自公布之日开始，为期 3 年。试点城市要严格落实试点实施方案，建立健全统筹协调机制，加大政策支持力度，有序推进各项试点任务，确保试点工作取得实效。

解读：该通知提出以科技创新为支撑，促进建筑业与数字经济深度融合，培育智能建造新产业新业态新模式，着力解决工程建设存在的生产方式粗放、劳动力紧缺、资源能源消耗大等突出问题，更好地发挥建筑业对稳增长扩内需的重要支点作用。

第二节　2022 年 1 月~2022 年 11 月地方特殊政策总结

截至 2022 年 11 月，中央政府出台多项房地产市场调控政策，继续坚持"房住不炒"的定位，全面落实房地产长效机制，促进房地产市场平稳健康发展；地方政府积极响应中央政策，因城施策，支持刚性和改善性住房需求，保持房地产融资合理适度，维护住房消费者合法权益，在限购、老旧小区改造等规则方面均积极出台政策规范市场；部分城市的房地产调控政策有所放松，具体体现在降低首付比例、调整贷款利息及提供购房补贴等方面；供应端举措包括放松预售取证、放松预售资金监管、放松土拍条件、支持房企融资等。本节选取了北京、上海、广州、深圳等重点城市，其具体调控政策如下。

一、北京房地产政策一览

北京市将继续保持房地产调控政策连续稳定。政策侧重于推进住房供给侧结构性改革，坚持租购并举，多主体供给、多渠道保障，优化住房供应结构，完善房地联动机制，保持商品住房合理有效供给，加快构建住房保障体系。北京房地产相关政策/发生事件见表2.1。

表 2.1　北京房地产相关政策/发生事件一览

政策	发布/发生时间	主要内容
北京市第十五届人民代表大会第五次会议召开	2022年1月6日	会议中称，坚持"房住不炒"，保持房地产调控政策连续性稳定性，做好住房供地保障，筹集建设保障性租赁住房15万套，竣工各类保障房8万套。研究适应多子女家庭的公租房政策，调整建设标准和配租办法。加强住房租赁市场管理，促进房地产业良性循环和健康发展
《关于印发〈北京市共有产权住房管理暂行办法〉的通知》	2022年1月10日	要求各区人民政府确定一家代表政府集中持有本区共有产权住房政府产权份额的保障性住房专业运营管理企业，共有产权住房政府产权份额单独核算管理，该企业未经批准不得参与商业性房地产开发经营业务
《关于住房公积金支持北京老旧小区综合整治的通知》	2022年1月12日	提出将老旧小区综合整治纳入住房公积金提取范围，加大住房公积金对老旧小区综合整治工作的支持力度
《关于优化生育政策促进人口长期均衡发展的实施方案》	2022年2月9日	提出未成年子女数量较多的家庭申请公共租赁住房的可以纳入优先配租范围，并在户型选择等方面予以适当照顾。另外，对符合条件的住房困难家庭，纳入公共租赁住房优先配租范围
《关于开展"物业服务+养老服务"试点工作的通知》	2022年2月9日	明确要按照"企业自愿参与、政府适度支持"的原则，引导物业服务企业发挥常驻社区、贴近居民、响应快速等优势，根据不同区域人口结构、老年人服务需求，有针对性地提供多元化、个性化的社区居家养老服务。试点内容包括提供居家养老上门服务、支持连锁品牌运营、组建专业化养老服务队伍、发展智慧居家养老服务、整合闲置资源举办养老服务设施、推进社区适老化改造等
《北京市国土空间近期规划（2021年—2025年）》	2022年2月17日	明确要牢牢守住首都城市战略定位，加强"四个中心"功能建设与服务保障。根据规划，到2025年北京市常住人口控制在2300万以内，城乡建设用地规模控制在2790平方千米左右。鼓励盘活存量和低效建设用地，存量用地供应比例提高到60%以上。聚焦老旧小区、低效产业园区等类型开展城市更新行动，深入推动城市发展转型
《关于规范共有产权住房出租管理工作的通知（试行）》	2022年3月1日	明确北京共有产权住房购房人因家庭成员就业、子女就学等原因确需出租住房的，应按照国家及本市住房租赁管理、共有产权住房管理相关规定执行。共有产权住房租赁活动纳入北京住房租赁监督管理范围
《北京市关于加快发展保障性租赁住房的实施方案》	2022年3月18日	明确"十四五"期间，争取建设筹集保障性租赁住房40万套（间），占新增住房供应总量的比例达到40%
《关于进一步做好房地产开发企业资质管理有关工作的通知》	2022年4月18日	指出房地产开发企业按照企业条件分为一、二两个资质等级。一级资质的房地产开发企业承担房地产项目的建筑规模不受限制，二级资质的房地产开发企业可以承担建筑面积25万平方米以下的开发建设项目。房地产开发企业资质有效期3年
《北京市城市更新专项规划（北京市"十四五"时期城市更新规划）》	2022年5月18日	①北京城市更新坚持"留改拆"并举。该规划明确了城市更新应坚持"留改拆"并举、以保留利用提升为主的更新策略；②要全面推进老旧小区更新改造；③将老旧楼宇纳入城市更新范围；④要塑造"两轴"沿线公共空间

续表

政策	发布/发生时间	主要内容
《北京市统筹疫情防控和稳定经济增长的实施方案》	2022年6月2日	①受疫情影响的企业等用人单位，可按规定申请缓缴住房公积金，职工在本市无自有住房租住商品房，可按实际支付房租提取住房公积金，不受缴存人月缴存额限制。②2022年对承租京内各类国有房屋的在京注册或在京纳税服务业小微企业和个体工商户减免3个月房屋租金，其中对承租朝阳、海淀、丰台、房山、通州、大兴等被列为疫情中高风险地区所在区国有房屋的，减免6个月房屋租金。符合条件的连锁超市、便利店、餐饮企业以门店为单位执行。本市集体企业由各区结合实际情况参照执行。对承租非国有房屋的科技型孵化器为中小微企业和个体工商户减免房租的，经确认按照减免租金总额的50%给予补贴。③鼓励金融机构对受疫情影响的个人住房实施延期还本付息，不影响征信记录，并免收罚息。④要求出台存量国有建设用地盘活利用、功能混合等规划土地激励政策。出台危旧房改建政策，危旧楼房成套化改造项目增加规模须符合建筑规模管控要求。⑤推动企业将存量商办用房转换为配套重点功能区和产业园区的人才租赁房、保障性租赁住房
北京住建委发布《北京市城市更新条例（征求意见稿）》	2022年6月7日	①危旧楼改建方面，可适当增加建筑面积作为共有产权住房或保障性租赁住房。②老旧小区改造可通过改扩建用于补充小区便民服务设施、增加停车位，实施老旧住宅楼房加装电梯。③城市更新项目符合更新规划以及国家和本市支持的产业业态，可在5年内实行按原用途、原权利类型使用土地。④为满足安全、环保、无障碍标准而增设必要的消防楼梯、连廊、风道、无障碍设施、电梯、外墙保温、室外开敞性公共空间等附属设施，增加的建筑规模可不计入总建筑规模。⑤鼓励各类存量建筑转换为公共服务设施、城乡基础设施、公共安全设施
《多措并举提升老年家庭居住品质营造全龄友好型社区》	2022年8月4日	选取昌平区平西府、顺义区福环、顺义区薛大人庄等三宗地进行试点。对中心城区老年家庭（60周岁及以上）购买上述试点项目，并把户口迁至试点项目所在地的，给予一定的支持政策：老年家庭名下无住房且无在途贷款的，购买试点项目普通住房执行首付比例35%、非普通住房执行首付比例40%，以及相应的贷款优惠利率；购买试点项目140平方米以下住房的，按首套房首付比例35%、二套房首付比例60%执行；其子女可作为共同借款人申请贷款
《北京市住房和城乡建设委员会关于进一步优化商品住房销售管理的通知》	2022年8月19日	①商品房可按栋申请办理预售许可，最低规模不得小于栋。②开发企业已承诺商品住房销售价格的，申请预售许可应填报"一房一价"；未承诺价格的，同一施工许可证批准范围内的楼栋，后期申报预售价格不得超过前期同品质产品申报预售价格。③预售许可确需延期的，延期期限每次不超过6个月
北京市住房和城乡建设委员会 北京市规划和自然资源委员会发布《关于试行存量房交易"连环单"业务并行办理的通知》	2022年9月23日	①购房家庭先出售名下住房，再次购买住房，将原需按顺序先后办理的房屋卖出、买入业务调整为并行办理，以提高房屋交易效率、降低购房成本。②试行期间，申请"连环单"业务的购房家庭应符合以下条件：有同时出售名下住房、购买本市存量住房需求；出售原住房后，具有本市商品住房购房资格
《北京市住房和城乡建设委员会 北京经济技术开发区管理委员会 北京市通州区人民政府关于加强亦庄新城台马地区商品住房管理的通知》	2022年11月8日	明确划归北京经济技术开发区管理的通州区台湖、马驹桥地区（约78平方千米）商品住房（包括新建商品住房和二手住房）执行北京经济技术开发区商品住房政策有关规定

二、上海房地产政策一览

面对2022年上半年疫情的突然冲击，上海市政府结合当地实际，出台房市调控政策，以"宽松、支持"为基调出台相应的政策来推动房地产市场的发展；政策对人才政策、个人贷款、公积金及土拍规则等进行了适度放宽。上海房地产相关政策/发生事件见表2.2。

表 2.2　上海房地产相关政策/发生事件一览

政策	发布/发生时间	主要内容
人民银行上海总部召开 2022 年货币信贷工作会议	2022 年 1 月 4 日	指出要继续稳妥实施房地产金融审慎管理。要坚持"房子是用来住的、不是用来炒的"定位，加强预期引导，各商业银行要进一步优化信贷结构，提升服务实体经济的能力，更好满足购房者合理住房需求，促进房地产业良性循环和健康发展
《上海市保障性租赁住房项目认定办法（试行）》	2022 年 1 月 13 日	该办法共四章十二条，明确既有租赁建设项目指该办法实施前已经建成或在建（含正在办理建设工程手续）的租赁住房项目。该办法还对新实施保障性租赁住房项目的户型标准进行了明确，规定 70 平方米以下户型住房建筑面积占项目住房建筑面积的比例，应不低于 70%
《上海市保障性租赁住房租赁管理办法（试行）》	2022 年 1 月 13 日	指出保障性租赁住房的供应对象是在本市合法就业且住房困难的在职人员及其配偶、子女。住房困难面积标准原则上按照家庭在本市一定区域范围内人均住房建筑面积低于 15 平方米确定。三人以下家庭和单身人士可以入住二居室及以下户型，二孩、三孩家庭可以入住三居室及以下户型
上海市金山区正式发布《"上海湾区"人才计划》	2022 年 2 月 23 日	根据新政规定只要人才积分达到 60 分，即可申请入住人才公寓，65 分以上可申请租房补贴，只要满足积分条件，即可享受人才安居政策的红利。租房补贴由原来的 1 个档次增加到 7 个档次，最高可享全额租金补贴；购房补贴由原来的 1 个档次增加为 3 个档次，最高可享 200 万元补贴
上海发布《关于优化调整临港新区人才住房政策操作口径的通知》	2022 年 4 月 13 日	提出在认定文件上将原《购房资格确认函》调整为《临港新片区人才住房政策认定函》，有效期由原 6 个月调整为 12 个月。在重点支持单位上，根据临港新片区的产业发展导向及城市功能发展需求，经综合评定，形成了《2022 年临港新片区人才住房政策重点支持单位清单》，《2022 年重点支持单位清单》将按需组织更新并公示
上海发布《关于应对疫情实施住房公积金提取和维权服务措施的通知》	2022 年 4 月 18 日	提出为尽可能减少疫情对租赁提取职工的影响，对 4 月因本人住房公积金账户余额不足导致租赁提取支付失败的职工，上海市公积金中心将在 5 月底对上述职工增加安排一次租赁提取支付（职工申请终止业务的除外）
上海举行市政府新闻发布会，央行上海总部提出多条措施	2022 年 5 月 8 日	针对疫情影响、个人房贷还款困难等急难愁盼问题，指导金融机构迅速回应市场关切，鼓励应延尽延，推出延期还款、调整还款计划等措施，缓解客户还款压力
上海自规局召开线下会议，多家与会房企得到回应	2022 年 5 月 18 日	从 2022 年第二批次集中供地开始，拟将土拍监管资金比例从起拍价的 110% 降至 90%
《上海市加快经济恢复和重振行动方案》	2022 年 5 月 29 日	①受疫情影响的企业和个人可缓缴缓还公积金。②对承租国有房屋从事生产经营活动的小微企业和个体工商户，免予提交受疫情影响证明材料，2022 年免除 6 个月房屋租金。③因受疫情影响，缴纳房产税、城镇土地使用税确有困难的纳税人，可申请减免部分房产税、城镇土地使用税。④新开工建设的住宅项目城市基础设施配套费可顺延 3 个月缴纳。完善房地产政策，支持刚性和改善性住房需求。⑤进一步发挥基础设施 REITs 作用。⑥允许受让人申请延期缴付或分期缴纳土地出让价款。优化土地出让条件，合理确定住宅用地起始价，降低商业办公用房自持比例。⑦全面落实各类人才计划和政策，优化人才直接落户、居转户、购房等条件，加大海外人才引进、服务和支持力度

续表

政策	发布/发生时间	主要内容
《关于公积金贷款购买第二套改善型住房人均住房建筑面积调整的通知》	2022 年 6 月 7 日	明确自 2022 年 6 月 6 日起，上海市购买第二套改善型住房申请公积金贷款的家庭，现持有住房人均住房建筑面积调整为不高于 37.4 平方米
《关于支持中国（上海）自由贸易试验区临港新片区加快建设独立综合性节点滨海城市的若干政策措施》	2022 年 8 月 20 日	①打造具有示范效应的低碳城市，提高绿色建筑执行标准，推行智慧交通低碳生活，支持聚焦南汇新城内重点区域打造绿色低碳试点区。②优化人才购房条件，在临港新片区工作的非本市户籍人才缴纳个税或社保满 1 年及以上，在临港新片区限购 1 套住房，所购住房自合同网签备案满 7 年后可转让。③引导各类主体承接盘活临港新片区存量资产，支持临港新片区建设。支持临港新片区符合条件的项目优先申报发行基础设施 REITs
上海临港新片区进一步优化人才购房条件：满足条件的非户籍人才社保满一年即可购一套房	2022 年 10 月 27 日	①满足条件的非本市户籍人才，按规定在沪缴纳职工社会保险或个人所得税满 1 年及以上，且在本市无住房的，在新片区限购 1 套住房，同时购房资格由居民家庭调整为个人。②适用定向优化人才购房政策的非本市户籍人才，在沪缴纳职工社会保险或个人所得税已满 1 年的，所购新建商品住房自合同网签备案满 7 年后可转让；满 2 年的，6 年后可转让；满 3 年未满 5 年的，5 年后可转让

三、广州房地产政策一览

广州房地产市场发展继续"稳"字当头，虽然购房政策没有大规模调整，但房贷利率也因为 LPR 在 2022 年上半年下调了两次而减少不少，购房者信心也逐渐提升；在购房名额上面放宽了一些，也让部分刚需客有了购房资格，对市场回暖提升了信心。广州房地产相关政策/发生事件见表 2.3。

表 2.3 广州房地产相关政策/发生事件

政策	发布/发生时间	主要内容
《广州市保障性租赁住房项目认定办法（征求意见稿）》	2022 年 2 月 16 日	提出保障性租赁住房项目以建筑面积不超过 70 平方米的小户型为主。其租金要低于同地段同品质市场租赁住房租金，具体由市场主体按照"企业可持续、市民可负担"的原则，结合享受的优惠政策，以及企业的运营成本综合评估确定。保障性租赁住房租金每年涨幅不高于同地段同品质市场租赁住房租金同期涨幅，且不超过 5%
工商银行、农业银行、中国银行、建设银行、交通银行、邮储银行六大家银行下调了广州地区房贷利率	2022 年 2 月 21 日	工商银行、农业银行、中国银行、建设银行、交通银行、邮储银行六大家银行下调了广州地区房贷利率。其中，首套房利率从此前的 LPR+100BP（5.6%）下调至 LPR+80BP（5.4%），二套房利率由 LPR+120BP（5.8%）下调至 LPR+100BP（5.6%）
《广州市商品住宅用地公开出让配建政策性住房管理办法的通知》	2022 年 2 月 28 日	指出广州年度商品住宅用地公开出让配建政策性住房的比例根据年度政策性住房需求情况，结合年度建设用地供应计划中具备配建条件的地块综合确定，原则上配建政策性住房的总建筑面积不少于年度住宅用地公开出让项目规划住宅总建筑面积的 10%。同时，轨道交通站点周边、重点功能片区、产业集聚区等交通便利、人口密集的适合配建区域应提高配建比例
《关于城市更新项目配置政策性住房和中小户型租赁住房的意见》	2022 年 5 月 23 日	①利用规划节余优先配置政策性住房：政策性住房以 70 平方米以下小户型为主，其中 30 平方米以下集体宿舍、单间宿舍配置比例不少于 30%。②明确复建安置区中小户型住房配置：复建安置区住宅建面的 25%需用于建设租赁住房，以 70 平方米以下的集体宿舍、单间宿舍、小户型住宅为主

续表

政策	发布/发生时间	主要内容
广州市规划和自然资源局白云区分局印发《广州市白云区关于在城市更新行动中防止大拆大建的通知》	2022年6月15日	①倡导减量规划，促进土地集约节约利用和可持续发展，原则上城市更新单元（片区）或项目内拆建比不应大于2。②融资地块预售前，复建安置房（包含复建住宅以及复建物业，不含公配）已建成计容建筑面积占当期复建安置总建筑面积的比例不应低于融资地块（包含融资住宅以及融资物业，不含公配）已建成计容建筑面积占当期融资总建筑面积的比例
《关于印发广州市保障性租赁住房项目认定办法的通知》	2022年8月22日	①运营标准：新供应国有建设用地新建项目的房源，自持年限内按照保障性租赁住房运营管理；企事业单位自有存量土地新建、产业园区工业项目配套用地新建和集体经营性建设用地新建项目的房源，运营期限原则上不少于10年；非居存量房屋改建项目运营期限原则上不少于8年；城中村住房等存量房屋依法整租运营、城市更新项目配置和其他途径筹集项目运营期限原则上不少于5年。②优惠政策：建设保障性租赁住房的集体经营性建设用地使用权可以办理抵押贷款；企事业单位自有存量土地新建的，允许变更土地用途，不补缴土地价款，原划拨的土地可继续保留划拨方式以及非居住存量房屋改建的，允许不变更土地使用性质，不补缴土地价款等
广州黄埔区发布《关于组织申报生物医药产业优秀青年人才首套房购买补贴的通知》	2022年9月13日	对重大科技创新平台、重大生物医药企业或机构引进的优秀青年人才，经认定，对其在黄埔区购买的广州市首套住房给予50万元一次性购房补贴，补贴金额不超实际购房金额的50%
广州市调整新房备案价	2022年9月15日	广州市调整了新房备案价，"一房一价"由原来按楼栋均价上下浮动6%调整为可上浮10%、下浮20%，楼栋均价不能超过项目核定线均价
广州拟推二手房"带押过户"	2022年9月21日	人民银行广州分行近日向辖内各中心支行及银行机构发布关于鼓励推广二手房"带押过户"模式有关事宜的通知，旨在贯彻落实中央政治局会议精神，进一步探索因城施策用足用好政策工具箱，支持刚性和改善型住房需求
《广州市住房和城乡建设局关于支持专业化规模化住房租赁企业提升"城中村"租赁住房品质的指导意见》	2022年10月20日	①支持专业化规模化住房租赁企业参与"城中村"房源整租运营。一是支持村集体经济组织、村民自主成立专业化规模化住房租赁企业运营租赁房源；二是支持村集体经济组织、村民以入股的形式与专业化规模化住房租赁企业合作运营租赁房源；三是支持引导村集体经济组织、村民将租赁房源委托专业化规模化住房租赁企业运营。②认定为保障性租赁住房的项目，享受中央预算内投资、中央财政城镇保障性安居工程专项资金等中央、省资金支持，金融机构提供长期低息贷款。取得非居住存量房屋改造租赁住房项目认定书或保障性租赁住房项目认定书的，用水、用电、用气价格按照居民标准执行。品质化提升项目依规享受住房租赁增值税、房产税等税收优惠政策，属保障性租赁住房的，依规免征城市基础设施配套费

四、深圳房地产政策一览

2022年1~11月，深圳市将调控政策的重心放在一级的土地市场和城市更新项目，加快推进安居型商品房建设和住宅配建，以此来满足普通购房群体的住房需求。但是在购房条件方面，深圳市还是执行严格的，没有松绑。深圳房地产相关政策/发生事件见表2.4。

表 2.4 深圳房地产相关政策/发生事件一览

政策	发布/发生时间	主要内容
《关于深圳建设中国特色社会主义先行示范区放宽市场准入若干特别措施的意见》	2022年1月26日	提出要结合公共利益，试点在城市更新项目中引入"个别征收""商业和办公用房改建保障性租赁住房"等机制。针对涉产权争议的更新单位，研究制定并完善"个别征收、产权注销"或"预告登记、产权注销"等特别城市更新办法。探索城市更新与城市历史遗留问题、违法建筑处置和土地整备制度融合机制
《关于统筹做好金融支持疫情防控和经济社会发展有关工作的通知》	2022年5月9日	明确加大流动性贷款等支持力度，保持建筑企业融资连续稳定。优化住房金融服务，支持刚性和改善性居民购房信贷需求，加大对保障性租赁住房的金融支持力度，助力增加保障性住房供给。保持房地产开发贷款平稳有序投放，不盲目抽贷、断贷、压贷
《关于进一步加大金融服务支持疫情防控促经济保民生稳发展的实施方案》	2022年6月27日	①在"保交楼"前提下，优化预售监管资金提取条件，加大对优质项目的支持力度，做好重点房地产企业风险处置项目并购金融服务。加大流动性贷款等支持力度，保持建筑企业融资连续稳定。②优化住房金融服务，合理满足刚性和改善性居民购房信贷需求，支持向保障性租赁住房自持主体提供长期贷款等
《深圳经济特区社会建设条例》	2022年6月30日	①构建多主体供给、多渠道保障、租购并举的住房供应和保障体系，坚持稳地价、稳房价、稳预期，有效防范化解房地产市场风险，促进房地产市场平稳健康发展。②加大公共住房建设筹集力度，健全公共住房分配管理、封闭流转和定价机制，完善公共住房供后监管制度。③推进新建住宅小区与公共配套设施同步规划、同步建设、同步验收、同步交付。④推动租房居民在基本公共服务方面与购房居民享有同等待遇
《深圳市住房公积金贷款管理规定（征求意见稿）》	2022年7月6日	①在异地就业且缴存住房公积金的本市户籍职工，其本人或配偶在本市购买首套自住住房的，按照本规定要求向本市公积金中心申请公积金贷款。②申请人的配偶、父母、子女可以作为共同申请人。申请人的配偶、父母、子女是购房人的，应当作为共同申请人
《龙岗区关于进一步加强房地产项目全周期监管的指导意见》	2022年7月11日	①注重设计合理性：加强建筑设计审查；充分吸收职能部门意见；确保公共住房与商品住房总体和谐。②加大建设监管力度：严厉查处未报先建行为；督促建设单位强化管理；压实施工和监理单位的主体责任；加强工程质量和变更设计监管；做好扬尘和噪音的防治执法检查；完善执法体系与监督模式。③完善销售环节管理：合力做好售前风险研判；规范销售合同文本；精装修项目应至少设置一套交付标准样板房，交付标准样板房不得加装合同约定交付标准以外的设施设备；强化预售资金监管；同步共享预售许可信息；加大对宣传、价格的监督检查力度；从严查处销售违规行为。④严格验收环节监管，确保有序交付，强化使用管理：严格规划验收标准；强化竣工验收监督；联合处置化解突出问题；加强房屋装修或改变功能等情形的监管
《关于发布〈深圳证券交易所公开募集基础设施证券投资基金业务指引第4号——保障性租赁住房（试行）〉的通知》	2022年7月15日	①该指引适用于保障性租赁住房基础设施基金在本所的上市申请、保障性租赁住房基础设施资产支持证券在本所的挂牌条件确认申请以及相关存续期管理等事宜。②原始权益人应当为开展保障性租赁住房业务的独立法人，不得开展商品住宅和商业地产开发业务。鼓励专业化、规模化的住房租赁企业开展保障性租赁住房基础设施基金试点。原始权益人不得以租赁住房等名义，为非租赁住房等房地产开发项目变相融资，或者变相规避房地产调控要求。③原始权益人控股股东或者其关联方业务范围涉及商品住宅和商业地产开发的，原始权益人应当在资产、业务、财务、人员和机构等方面与商品住宅和商业地产开发业务有效隔离，保持相对独立。④基础设施项目运营时间原则上不低于三年。对于出租率较高、已能够实现长期稳定收益的项目，在满足基础设施基金上市要求、符合市场预期、确保风险可控等前提下，可适当降低运营时间要求
《关于受理2022年度南山区企业人才租赁社会存量住房补租的通告》	2022年9月16日	明确凡是在南山区企业和机构工作的人才，满足相应受理条件的，单身申请补租面积35平方米，补租单价40元/（米²×月）；两人及以上合租单套住房的，可申请补租面积65平方米，补租单价40元/（米²×月）

政策	发布/发生时间	主要内容
《宝安区城镇老旧小区综合改造工作实施方案（征求意见稿）》（公开征求意见）	2022年10月15日	①到"十四五"期末，按照上级要求，全面完成2000年底以前建成的城镇老旧小区基础类改造。②实施路径：企业投资改造运营、"拆、改、建"混合改造、统筹"三旧"联动改造、政府主导投资建设。③政府资金筹措：鼓励原产权单位和管理单位共同出资或管理单位单独出资参与改造、积极申请中央财政补助资金、中央预算内投资、省级资金补助、依政策申领市财政返还补贴及保证区财政补贴。④其他资金筹措包括专营单位出资、市场主体改造经营投资、居民出资
《加快罗湖深港深度融合发展区建设实施方案（2022-2023年）》	2022年10月20日	①罗湖深港深度融合发展区建设将以9.5平方千米的口岸片区为核心，充分发挥罗湖口岸、文锦渡口岸以及莲塘口岸联通深港的重要作用，辐射带动罗湖全域高质量发展。②打通口岸周边通行的"最后一公里"，研究建设小运量轨道接驳连通口岸核心商圈，全面提升口岸群辐射能级。③地铁17号线（一期）正全力推动建设，建成后将联通罗湖中心区与龙岗布吉街道、南湾街道、平湖街道片区。④罗湖区因地制宜，将在宝安南路、嘉宾路等路段，海翔广场、嘉宾公园等片区实施品质升级改造，建设国际化示范街区。⑤"加码"新增港澳人才公共住房保障计划，通过住房配租或租房补贴的方式，为来罗湖发展的港籍人才提供公共住房保障
《深圳市非商品性质房地产转让办法（征求意见稿）》	2022年11月10日	①除法律法规或市政府批准的其他情形外，非商品性质的土地未建成前土地使用权不得转让。②非商品性质厂房、研发用房、仓储（堆场）、物流建筑等房地产建成满10年后，可按规定补缴地价后进入市场，限整体转让。受让对象应符合本市工业楼宇转让和工业区块线管理的有关规定，并取得产业主管部门同意意见。③非商品性质的商业、办公、旅馆业建筑、商务公寓、游乐设施等房地产，可按规定补缴地价后进入市场进行转让，其中游乐设施、旅馆业建筑、肉菜市场、会议中心等房地产限整体转让。④非商品性质的公共管理与服务设施、交通设施、公用设施等用途的房地产中，营利性的房地产可按规定补缴地价后进入市场，限整体转让

五、东莞房地产政策一览

截至2022年11月，东莞市根据房地产市场形势变化，在前期已出台部分优化措施的基础上，借鉴其他部分限购城市经验做法，加强分类指导、分区施策，实施区域差异化限购的新举措。东莞市对房地产限购、个人住房贷款首付、人才购房和新入户购房等政策进行了适当松绑和优化。东莞房地产相关政策/发生事件见表2.5。

表2.5　东莞房地产相关政策/发生事件一览

政策	发布/发生时间	主要内容
《东莞市老旧小区改造工作实施方案》	2022年1月19日	提出在财政资金支持上，将老旧小区改造纳入城镇保障性安居工程，对列入全市老旧小区改造计划的项目给予资金支持。对供水、供电、供气、排水、弱电、消防、安防、生活垃圾分类、道路改造、建筑外立面涉及社会公共利益的改造内容按改造实施费用80%的标准（连同上级补助资金）进行补助。对其他类改造内容按改造实施费用50%的标准（连同上级补助资金）进行补助。以上补助财政按照平均每户不超过2万元的标准给予补助
《东莞市发展保障性租赁住房实施意见（征求意见稿）》	2022年2月8日	表示到"十四五"期末，全市保障性租赁住房总量不少于10万套，力争达到15万套。其中2021年筹集房源不少于3000套；2022年筹集房源不少于30000套；2023年筹集房源不少于30000套；2024年筹集房源不少于20000套；2025年筹集房源不少于17000套

续表

政策	发布/发生时间	主要内容
《关于调整商品房预售转现售合同文本有关事宜的通知》	2022年3月24日	明确自2022年4月1日起，对房地产开发企业取得商品房预售许可证的房地产项目，在完成不动产首次登记（俗称"确权"）且东莞市房产交易平台可获取到不动产实测权籍数据后，开发企业在东莞市房地产交易平台进行合同签约的需使用《商品房买卖合同（现售）示范文本》
《关于明确疫情防控期间购房资格认定问题的通知》	2022年4月2日	就东莞市疫情防控期间住房限购政策购房资格认定问题通知如下：对2021年12月以来，因受疫情防控影响无法按时缴纳社会养老保险费的非本市户籍居民家庭和新入户本市户籍居民家庭，在核定购房资格时对其在疫情防控期间未缴社保视为"连续缴纳"
《东莞市三限房运营管理实施细则（征求意见稿）》	2022年4月13日	规定了三限房的审核配售（包括申购对象、分配方式、申购流程）、产权登记、供后管理、物业管理、监督管理相关标准
《关于进一步提升商品住宅项目建设品质的通知（征求意见稿）》	2022年4月15日	①根据公开出让住宅用地起始可售楼面单价对目前全市新建商品住宅项目分为三档，其中起始可售楼面单价超过1.8万元/㎡的项目为第一档，起始可售楼面单价在1.3万~1.8万元/㎡（含）的项目为第二档，起始可售楼面单价在1.3万元/㎡以下（含）的项目为第三档。②对实施提升品质指标相应内容增加的建造成本，在进行住宅销售价格指导时予以适当增加
《关于促进房地产市场平稳健康发展的通知》（东建〔2022〕4号）	2022年5月14日	①对符合国家生育政策生育二孩或三孩的居民家庭，允许其新增购买一套商品住房。②对居民家庭持有或购买"双（多）证房"但实作为一套住房使用的，在核验购房资格时，该"双（多）证房"视作一套商品住房。③购买政府认定的绿色建筑商品住宅申请住房公积金贷款可依规上浮20%的额度。④在签订《国有建设用地使用权出让合同》并缴纳不低于50%的土地出让金后，各相关职能部门可办理建设用地规划许可证、建设工程规划许可证、建筑工程施工许可证等行政审批手续
《关于加强分类指导优化住房限购政策的通知》（东建〔2022〕7号）	2022年7月4日	①限购区域调整为莞城街道、东城街道、南城街道、万江街道、松山湖高新技术产业开发区。②本市户籍居民家庭在限购区域内拥有2套及以上住房的，暂停向其销售限购区域内的新建商品住房，非本市户籍居民家庭在限购区域内拥有2套及以上住房的，暂停向其销售限购区域内的商品住房（含新建商品住房和二手住房）。③除限购区域外，我市其他区域暂停实行住房限购政策。居民家庭购买非限购区域内的商品住房，无需进行购房资格核验
《关于进一步规范商品房预售款收存管理和使用管理的通知（征求意见稿）》	2022年8月2日	①预售资金监管系统将自动检测房屋的预售资金是否已足额缴存，首期款未足额缴存的房屋，将无法办理商品房买卖合同备案。②建设资金监管额度：监管额度=项目建筑面积×本市房屋建筑工程造价单价×120%。③对自愿加入"诚信联盟"，向社会公开承诺诚信守法经营的企业，对其商品房预售资金使用实行"扶优"政策
东莞限购区首付降低，认贷不认房	2022年8月27日	①首次购房：家庭名下无房，无贷款记录，首付3成。②家庭名下1套房，但无贷款记录：普通住宅首付3成，非普通住宅首付6成。③家庭名下无房，但有1条贷款记录（已结清）：普通住宅首付3成，非普通住宅首付6成。④家庭名下1套房，但有1条贷款记录（已结清）：普通住宅首付3成，非普通住宅首付6成。⑤家庭名下不管是否有房，只要有2条及以上贷款记录（已结清）：普通住宅首付4成，非普通住宅首付6成。⑥家庭名下有1套房且该贷款未结清：普通住宅首付4成，非普通住宅首付6成
《关于试行灵活就业人员参加住房公积金制度的通知》	2022年10月28日	明确年满16周岁未达法定退休年龄，以个体经营、非全日制、新业态等方式灵活就业的完全民事行为能力人可参加住房公积金制度。以自愿为原则，无须进行劳动从业身份资格审查。由个人向市住房公积金管理中心诚信申报，签订自愿缴存协议，约定双方权利义务

政策	发布/发生时间	主要内容
《关于推动金融支持翠亨新区实体经济发展打造科创投融中心的行动方案》	2022年11月10日	①探索与前海共建金融合作示范园，探索建立"东岸风投基金+西岸制造"科创融资协助机制。②与深圳前海、东莞滨海湾共同推进跨区域联合授信试点，探索住房公积金、商业贷款转移接续和异地贷款，建设一体化金融服务平台。③重点招引港澳资本在翠亨新区设立 QFLP 试点。④与深圳前海、东莞滨海湾共建金融信息共享合作机制

六、武汉房地产政策一览

2022 年 1~11 月，武汉接连出台了房地产市场扶持政策，包括部分区域取消限购、首付比例下调、住房货币补贴、二手房带押过户等，各种房地产市场放松政策释放了积极信号。武汉房地产相关政策/发生事件见表 2.6。

表 2.6　武汉房地产相关政策/发生事件一览

政策	发布/发生时间	主要内容
武汉出台措施支持合理住房需求：投奔家庭、多孩家庭可购第三套房，放松外地居民购房年限	2022年5月22日	①父母来汉投靠子女或者子女来汉投靠父母的本市户籍居民家庭，已有两套住房的，可以在限购区购买第三套住房（二手房或者新房）。②针对二孩、三孩家庭的本市户籍居民，可在限购区购买第三套住房（二手房或者新房）。③非武汉市户籍居民购房，在本市缴纳社会保险或个人所得税年限由 2 年调整为 1 年
武汉住房公积金管理中心发布《武汉实施住房公积金阶段性支持政策》	2022年6月9日	①受疫情影响的企业和个人，可缓缴缓还公积金。②单身职工每年租房提取住房公积金额度提高到 18 000 元，已婚职工与配偶提高到 36 000 元
武汉再次松绑限购区域	2022年6月20日	①经济开发区（含汉南）、东西湖区、黄陂区、江夏区、蔡甸区、新洲区等非限购区域的住房不计入家庭现有住房套数。②本地限购区域已有两套、非本地已有一套的，可在限购区域新购买一套。③在本市工作、学习的境外人员（含港澳台）可购买一套自住住房。④非本地户籍购房需累积 6 个月社保，可补缴。⑤非本市户籍购买第二套，不再核查社保和个税缴纳情况
武汉住房保障和房屋管理局消息显示	2022年6月20日	在 6 月 20 日后，无论限购区还是非限购区，在武汉买房都要先申请房票（购房资格认定和意向登记）。在 6 月 20 日前，非限购区买房无须提交资格核查认定申请
《预发住房分配货币化补贴的方案》	2022年7月18日	明确属于住房分配货币化补贴政策对象的行政事业单位职工，在方案下发之日起至 2022 年 12 月 31 日前在东西湖区内新购房的，可一次性获预发购房补贴 15 万元
武汉市硚口区在召开的科技创新暨人才工作会议上公布"人才十条"优惠举措	2022年8月3日	①围绕招商引资，硚口区拟对新引进的总部企业，最高奖励 4 000 万元；对成功引荐各类 500 强、总部企业、龙头企业落户的咨询机构、行业协会、商会或其他组织，给予相应奖励。②在人才租赁房租金减免方面，硚口区针对新引进的高层次人才实行免租三年，全日制博士、硕士研究生分别免租两年和一年。毕业 6 年内，已入职的博士、硕士、专科以上学历大学生最高可享受四折租房优惠。大学生在硚口区购买商品房，最高补贴 3 年人才租赁房租金
《武汉市住房租赁资金监管实施细则（试行）》	2022年8月4日	①住房租赁企业应当在其开设归集资金专门账户（用于归集企业经营中收取的所有租金、押金及管理费等资金）的在汉商业银行设立租赁资金监管唯一专用账户。监管账户用于将企业专门账户中应监管的资金［单次收取承租人租金超过 3 个月（不含 3 个月）及单次收取承租人押金超过 1 个月（不含 1 个月）对应合同的全部资金］纳入监管范围。②自资金监管生效次月起，且在住房租赁合同有效期内，承办银行可依据监管协议将监管账户上合同对应的租金及相关盈余部分按月划转至租赁企业归集资金的专门账户。住房租赁合同期满后，资金监管自动解除

政策	发布/发生时间	主要内容
市房管局关于征求《武汉市新建商品房预售资金监管办法（征求意见稿）》意见的公告	2022年9月13日	①监管部门应当会同人民银行分支机构、银保监部门通过公开招标方式，综合商业银行资信状况、监管能力、服务水平等因素，确定承接新建商品房预售资金监管业务的商业银行。中标的商业银行（以下简称监管银行），应当通过监管部门的门户网站予以公示。监管机构与监管银行签订合作协议。监管银行应对承接新建商品房预售资金监管业务的支行严格监督，定期检查，及时处置违规行为，并承担相应经济、法律责任。②监管账户累计进账超过监管额度的资金可由房地产开发企业自主提取使用。③房地产开发企业提交预售方案前，应选择一个监管银行开立监管账户。④首次拨付节点不得早于地下结构完成，最后拨付节点为不动产首次登记。具体拨付节点由监管部门确定。项目竣工验收之前，毛坯项目余额不得低于5%，全装修项目余额不得低于10%。⑤工程进度未达拨付节点，但确需提前支取监管额度内资金支付本项目工程款、农民工资的，区政府审核后可予以支持。⑥房地产开发企业可用商业银行等金融机构出具的保函等额替换监管额度内资金
武汉市贷款政策调整	2022年9月27日	该政策将二套房首付比例调整为40%，同时取消对二套房不同面积的首付差异限制
武汉市住房公积金政策进行宽松调整	2022年10月1日	五年以下（含5年）首套房个人住房公积金贷款利率由2.75%调整为2.6%，五年以上首套房个人住房公积金贷款利率由3.25%调整为3.1%。第二套房个人住房公积金贷款利率政策保持不变

七、西安房地产政策一览

西安在中央政策的指导下，持续出台房地产市场的利好政策，支持房地产市场持续稳定发展。房地产市场松绑政策和优化的土地出让规则相继出台。西安房地产市场相关政策/发生事件见表2.7。

表2.7 西安房地产市场相关政策/发生事件

政策	发布/发生时间	主要内容
《西安市支持住房租赁市场发展财政资金补助和奖励办法（修订）》	2022年1月24日	明确西安市将支持房地产企业将已建成普通商品住房自持部分用于住房租赁经营。同时，西安市将对租赁合同网签备案的企业予以奖励。此外，将对接受租赁资金监管的企业予以奖励
《支持房地产业发展十条措施》	2022年4月6日	在创新行政审批制度、缓解房企资金压力、保障购房人及刚需购房者权益等方面提出十条措施，鼓励西安房地产业发展
西安官方媒体发布新政：西咸新区降低土地保证金	2022年5月30日	降低出让地块保证金的缴纳比例，最低至20%，允许受让人申请延期缴付或分期缴付土地出让价款。适度增加2022年度建设用地计划，加大对重点项目用地补充耕地的支持力度
西安部分银行推出"认贷不认房"	2022年6月24日	规定只要在西安限购区没有商品住房，那么即使名下有未结清房贷，在建设银行和恒丰银行贷款买房依旧可以享受首套三成首付和首套房贷利率
《关于防范商品房延期交房增量问题的工作措施》	2022年7月14日	①开发企业申请商品房预售许可，原则上地上7层及以下的多层建筑，工程形象进度须主体结构工程封顶；7层以上的，须达到地上规划总层数的1/3，且不得少于7层。②商品房预售资金（包括定金、首付款、购房贷款及其他形式的全部房款）应全部直接存入专用监管账户进行监管。③严格拨付标准。商品房项目完成主体结构验收前，累计使用重点监管资金不得超过总额的50%；完成竣工验收前，不得超过95%；完成竣工验收备案前，不得超过99%；不动产首次登记后，可以提取剩余1%。其中，7层以上的建筑，总层数达到1/3、2/3前，累计使用重点监管资金分别不超过总额的20%和35%。④商业银行违反预售资金监管协议，擅自拨付监管资金的，应当负责追回资金；无法追回的依法承担相应赔偿责任

续表

政策	发布/发生时间	主要内容
《西安市居民存量住房用于保障性租赁住房操作指南》	2022年8月19日	①住房被纳入保障性租赁住房管理并正式签订租赁合同后，出租人家庭可在限购区域获得新增购买一套住房的资格；存量住房用于保障性租赁住房的，将纳入"服务平台"统一管理，5年内不得上市交易（包括转让、市场租赁等）。②居民家庭一次或多次，将一套或多套住房用于保障性租赁住房的，均只能获得一次性购买一套住房的资格。居民将家庭名下唯一住房用于保障性租赁住房的，不认定为无房家庭
《西安市"十四五"公共服务体系建设规划》	2022年9月21日	鼓励利用符合条件的企事业单位自有土地建设保障性住房，农用地转用计划指标优先保证保障性住房用地需求。完善财税支持政策。可按照不低于3%的土地出让成交价款筹集保障性住房建设资金。政府债券优先用于保障性安居工程。住房公积金增值收益扣除贷款风险准备金和管理费用后全部用于公共租赁住房建设。支持符合条件的企业发行债券融资，促进保障性安居工程建设。鼓励开发性、政策性金融机构加大对棚户区改造项目的信贷支持力度。鼓励商业银行开发适合住房租赁业务发展需要的信贷产品
《关于支持刚性和改善性住房需求有关问题的通知》	2022年11月19日	①从市外迁入本市且在住房限购区域无住房的居民家庭，落户西安市后即可在住房限购区域购买首套二手住房。②在住房限购区域无住房的非本市户籍居民家庭，持有本市《居住证》，且在购房之日前6个月在本市连续缴纳社会保险或个人所得税的，可购买1套二手住房。③经批准引进的各类人才，在西安市住房限购区域购买住房时无须提供社会保险或个人所得税相关证明材料。④符合西安市购房资格的二孩及以上家庭，在住房限购区域内限购套数的基础上可新购1套住房。二孩及以上家庭购买的第3套住房为新建商品住房时，应列为"普通家庭"类别。⑤临潼区，西咸新区沣东新城上林街道、沣西新城高桥街道、马王街道，高新区托管的非限购区域不再列入西安市住房限购限售范围。

八、南京房地产政策一览

2022年1~11月，南京市连续释放包括信贷支持、限购放宽等措施，同时加大对改善性住房需求的支持，切实有效满足了民众刚性和改善性住房需求。南京房地产相关政策/发生事件见表2.8。

表2.8 南京房地产相关政策/发生事件一览

政策	发布/发生时间	主要内容
《南京市房屋租赁管理办法》	2022年2月23日	租赁企业应明码标价，不得拖欠租金、擅自提高租金等；不得以欺诈、胁迫或租金优惠、分期付款等方式要求诱导承租人使用住房租金贷款
南京六合限购放宽	2022年4月12日	从当日起，外地户籍购房者，可在南京市六合区限制购买一套房，凭借户口本、身份证，已婚家庭携带结婚证等证件，即可前往当地开具购房证明。在此之前，外地户籍购房人要在六合区缴纳1年社保，以及开具工作证明才能开出购房证明。不过，外地人在六合区落户门槛较低，外地人凭大专及以上学历，只需居住证即可在当地落户
《关于商品房预售资金监管试点使用银行保函的通知》	2022年4月14日	房地产开发企业可凭银行出具的保函，等额替换新建商品房预售资金监管账户中的监管资金

续表

政策	发布/发生时间	主要内容
《2022年高淳土地推介手册》	2022年5月10日	①支持人才购房。鉴于高淳区实际情况，拟对大专及以上学历人员在淳购房放宽政策，吸引宣城、马鞍山、溧阳等周边地区市民来淳购房，推动青年大学生"淳聚"计划和人才集聚，加大人才安居支持力度。具有大专及以上学历人员凭在宁社保证明即可在淳购房，且不限套数；具有大专及以上学历人员在淳购房套数，不纳入其在宁主城区购房套数。②支持企业在淳购房。为优化高淳区营商环境，吸引更多企业在淳投资，支持企业在淳购房，在淳注册的企业参照本市户籍居民家庭可购买住房。③支持外地服役军人在淳购房。为拥军优属，维护军人军属合法权益，现役军人（原户籍地在淳）持由高淳区人武部出具的原户籍地证明，参照本市户籍居民家庭可购买住房
《关于调整首次使用住房公积金购买第二套住房公积金贷款额度的通知》	2022年5月20日	首次使用住房公积金贷款购买第二套住房公积金最高可贷额度调整至50万元/人、夫妻双方100万元/户
《关于实施住房公积金阶段性支持政策的通知》	2022年6月8日	①阶段性缓缴政策。受新冠肺炎疫情影响的企业，与职工协商一致，且确定补缴方案的，可以申请缓缴住房公积金，缓缴期限至2022年12月31日，到期后按照补缴计划进行补缴。缓缴期间缴存时间连续计算，职工正常提取住房公积金和申请住房公积金贷款，不受缓缴影响。②贷款不作逾期处理。受疫情影响，2022年5月至12月期间住房公积金贷款不能正常还款的职工，可以提出申请并附相关情况说明，经公积金管理中心审核确认后，可不作逾期处理，即不计息，不作为逾期记录报送征信部门。③提高职工租房提取额度。提高2022年5月至12月租房提取额度，单身职工提取住房公积金支付房租由每月1 200元提高至每月1 500元，已婚职工夫妻双方由每月2 400元提高至每月3 000元
《南京市浦口区住宅房屋征收房票安置暂行规定》征求意见稿	2022年8月16日	本规定中的房票是指征收实施主体依据征收补偿协议或安置房处置协议确定的金额标准，出具给被征收人的结算凭证。符合本规定的主体可持房票在浦口区范围内购买新建商品房（含商品住宅、酒店式公寓、商铺、车位、车库及储藏室）。房票结算遵循自愿原则，被征收人选择房票结算的，按照本规定给予奖励支持。未选择房票结算的，按照征收补偿协议和安置房处置协议执行。持房票购房，给予被征收人房票面额使用部分5.4%的购房奖励
南京全面推行二手房"带押过户"模式	2022年9月16日	南京市深化落实"带押过户"有关要求，通过优化业务流程、强化技术支撑、细化工作指导，全面推行二手房"带押过户"模式。截至目前，南京市不动产登记机构通过与中国建设银行、南京银行等50余家银行共同合作，全市已完成158套房屋"带押过户"登记工作，交易价值超5亿元
南京市六合区出台4项楼市新政	2022年11月25日	①给予购房补贴。购买新建商品住房且面积小于144平方米并网签备案的购房者，在取得《不动产权证书》后，可申请购房补贴，符合条件的按购房金额的1%给予购房补贴，购房金额以开发企业出具的购房发票（不含税金）为计算标准。②推行房票安置。房票安置是将货币补偿金额以房票形式出具给被征收（搬迁）人，由被征收（搬迁）人购买新建商品住房（含车位、车库、储藏室）用于安置。同时给予一定购房奖励，国有土地给予房票面值使用部分8%的购房奖励，集体土地给予房票面值使用部分12%的购房奖励。③提供入学需求。购房业主籍在省外的，由区教育局统筹安排。购买新建商品住房，在每年招生政策方案发布之前取得《不动产权证书》的，无需迁入户口，其子女即可申请到房产所在施教区（或服务区）初始年级入园入学，由区教育局统筹安排。④降低贷款成本。进一步降低刚需和改善型购房者的资金成本，更好地支持居民住房需求，引导商业银行提供南京市优惠利率贷款和优质金融服务

资料来源：中国指数研究院

九、杭州房地产政策一览

2022年1~11月，杭州市着力完善住房保障体系，大力发展保障性租赁住房，制定保障性租赁住房配套政策,同时加强住房租赁市场政策支持,持续规范市场秩序,促进市场平稳发展。此外,杭州市还出台各类人才引进政策,加大城市吸引人才的竞争力。杭州房地产相关政策/发生事件见表2.9。

表 2.9 杭州房地产相关政策/发生事件一览

政策	发布/发生时间	主要内容
《杭州市住房保障和房地产发展"十四五"规划》	2022 年 2 月 10 日	重点明确了"十四五"期间杭州要努力实现居民住房条件持续改善、市场发展更加平稳健康、住房保障体系更加健全、高质量发展更加强劲、空间区域更加融合和制度更加健全等主要目标。全市"十四五"期间规划商品住房年开发量不低于 1 600 万平方米,五年开发总规模不少于 8 000 万平方米;其中市区年开发量不低于 1 440 万平方米,五年建设总规模不少于 7 200 万平方米
杭州完成首批保障性租赁住房认定	2022 年 2 月 17 日	杭州市住房管部门完成全市首批 48 个保障性租赁住房项目集中认定工作,涉及房源 5.9 万套(间)
杭州余杭区发布实施《关于促进受疫情影响困难行业恢复发展的政策意见》	2022 年 4 月 21 日	明确扩大"六税两费"减征范围。按照 50%税额幅度减征资源税、城市维护建设税、房产税、城镇土地使用税、印花税(不含证券交易印花税)、耕地占用税和教育费附加、地方教育附加,适用主体由增值税小规模纳税人扩展至小型微利企业和个体工商户
《关于进一步促进房地产市场平稳健康发展的通知》	2022 年 5 月 17 日	①优化二手住房交易政策,在本市限购范围内购买二手住房,落户本市未满 5 年的户籍家庭无社保缴纳要求;非本市户籍家庭需在购房之日前 1 年起已在本市限购范围内连续缴纳城镇社保或个人所得税满 12 个月。②进一步完善税收调节,限购范围内,个人转让家庭唯一住房,增值税征免年限由 5 年调整到 2 年。③更好满足三孩家庭购房需求,符合条件的三孩家庭,在本市限购范围内限购的住房套数增加 1 套
《关于实施住房公积金阶段性支持政策的通知》	2022 年 6 月 6 日	①受疫情影响的企业和个人,可缓缴缓还公积金。②缴存可按月提取住房公积金账户余额,提取限额按现有标准上浮 25%确定。具体为:杭州市区(含萧山区、余杭区、临平区、富阳区、临安区)为 1 500 元/月,桐庐县为 1 050 元/月,淳安县为 750 元/月,建德市为 600 元/月
《关于提高无房职工家庭住房公积金贷款额度的通知》	2022 年 6 月 10 日	职工家庭名下无房,且无住房贷款记录,在首次购买普通自住住房时申请住房公积金贷款的,家庭最高贷款限额标准上浮 20%
杭州更新全日制本科和硕士学历人才落户政策	2022 年 6 月 27 日	①本科及研究生(本科<45 岁,硕士<50 岁)在杭落实工作单位并由用人单位正常缴纳社保的可以落户杭州市区。②毕业 2 年内全日制本科生/硕士生、2017 年后录取的非全日制研究生可享受"先落户后就业政策"(此前需 1 个月社保)
《关于实施三孩家庭住房公积金优惠政策的通知》	2022 年 8 月 1 日	①我市三孩家庭购买首套普通自住住房且首次申请住房公积金贷款的,贷款额度可按家庭当期最高贷款限额上浮 20%确定。②我市三孩家庭无房租赁住房提取住房公积金的,提取限额按规定额度标准上浮 50%确定
《2022 年杭州市临安区高层次人才区本级购房补贴受理公告》	2022 年 8 月 10 日	①A 类人才补贴标准"一事一议",B、C、D、E 类人才以及全日制博士、硕士研究生,分别给予 60 万元、50 万元、40 万元、35 万元、30 万元、15 万元的一次性购房补贴。购房补贴分 2 年发放,第 1 年发放总额的 50%,第 2 年发放总额的 50%。②申请范围及条件:申请对象本人及其家庭成员(配偶及未成年子女)在 2018 年 1 月 1 日以后首次在临安区内购买住宅房,且自 2015 年 1 月 1 日到购房日止在临安区范围内无住房,并在临安区范围内未享受过政策优惠购及其他住房保障政策,夫妻双方均符合条件的,只能以其中一方作为申请对象;申请对象与我区属用人单位签订 5 年(含)以上全职正式聘用合同;属创业人员的,应持有我区营业执照(担任法定代表人);申请对象连续在我区缴纳社会养老保险或个人所得税或公积金 6 个月(含)以上,属创业人员的,应持有近 6 个月(含)以上企业完税证明

政策	发布/发生时间	主要内容
《"聚力人才招引 助力产业强区"的若干意见》	2022年9月1日	①高层次人才给予最高550万元安家补助和最高800万元购（租）房补贴。②已落户家庭或本市缴纳社保的非本市户籍家庭，可在富阳区购买住房。符合条件的本市户籍家庭在富阳区购买第二套住房不受落户满五年的限制。③购买富阳区普通新建商品住房的，在购房人办理不动产权证后，按照实际缴纳契税金额的50%标准给予补助
杭州市临安区出台《房地产市场健康有序发展意见》	2022年9月10日	①完善住房金融服务，执行差别化住房信贷政策，更好满足购房者合理住房需求，保持房地产信贷平稳增长；②落实阶段性公积金支持政策，进一步发挥住房公积金信贷作用；③实施购房补贴，支持刚需及改善型住房需求；④鼓励来临就业，对首次在临购买普通商品住宅且符合要求的毕业生给予一定的购房补贴；⑤强化服务保障，在我区范围内符合要求的2023年秋季适龄学生可享受临安区统筹安排入学政策。⑥开展"除险安居"行动，加大城镇危旧房治理力度，确保居民生命财产安全；⑦加强市场规范整治，重点围绕预售资金监管和中介市场秩序，为我区房地产市场健康稳定发展保驾护航；⑧完善住房保障体系，有效增加保障性住房供给，进一步完善住房保障体系
杭州市萧山区人民政府发布《"创新驱动转型、人才引领发展"专项行动的若干意见》	2022年9月28日	①符合条件的杭州市户籍家庭在萧山区上述镇街购买第二套住房不受落户满五年的限制。②已落户本市的户籍家庭或在本市工作且有城镇社保（或个人所得税）缴纳记录的非本市户籍家庭，可在规定范围内购买住房（含新建商品住房和二手住房）。③在2023年9月30日（含）前，购买萧山上述镇街普通新建商品住房的，契税补贴50%，商业住房补贴30%
杭州个人住房按揭贷款政策调整	2022年11月11日	政策调整为：在杭州市无住房且无未结清住房贷款记录的家庭最低首付比例为30%，为改善居住条件贷款购买第二套住房的家庭最低首付比例为40%，首套房贷款利率不低于相应期限贷款市场报价利率减20个基点，二套房贷款利率不低于相应期限贷款市场报价利率加60个基点
《关于城西科创大走廊实施差异化购房的通知》	2022年11月21日	城西科创大走廊内的所有镇街，新建商品住房项目，应提供不少于准售房源总套数50%的房源，定向供应给在实施范围内稳定就业或落户满一定年限的购房家庭

十、青岛房地产政策一览

贯彻落实党中央、国务院决策部署，坚持"房住不炒"定位，支持刚性和改善性住房需求，结合青岛市房地产市场实际，对现行房地产调控政策进行适度调整优化，出台了限购放松、主城区卖一可买一、契税补贴以及公积金额度提高等政策。此次政策调整旨在增加市场供给，化解供需矛盾，增加市场活跃度，与前期出台的房地产政策优化互补，形成合力，有利于保持和促进青岛市房地产业良性循环和健康发展。青岛房地产相关政策/发生事件见表2.10。

表2.10 青岛房地产相关政策/发生事件一览

政策	发布/发生时间	主要内容
青岛发布了《2022年筹建保障性租赁住房计划》	2022年1月25日	青岛市作为"完善住房保障体系"国家级试点城市，目前在政策制定、房源筹集、金融支持等方面均取得了积极进展。2022年青岛将持续加大工作力度，加快出台《关于加快发展保障性租赁住房的实施意见》，全年计划建设和筹集房源不少于4.5万套

续表

政策	发布/发生时间	主要内容
《关于进一步强化租购并举支持力度优化我市住房公积金政策举措的通知》	2022年5月23日	①申请标准调整为连续正常足额缴存住房公积金6个月（含）以上。②二手房申请住房公积金贷款的，贷款期限与房龄之和由最长不超过50年。取消房龄与首付款比例挂钩的规定。③多渠道支持租购并举
《我市适度调整优化房地产政策促进房地产市场平稳健康发展》	2022年6月3日	①调整住房限购区域范围。②优化非籍限购条件：将购房条件由非本市户籍居民家庭在中心城区无住房，且能够提供从购房申请之日起前2年内在本市连续缴纳12个月以上个人所得税纳税证明或社会保险缴纳证明，调整为非本市户籍居民家庭在中心城区无住房、且能提供在本市缴纳12个月以上个人所得税纳税证明或社会保险缴纳证明。③支持改善性住房需求：在中心城区范围内，出售已有住房1套或多套后的居民家庭，可以在2年内再购买1套住房
《关于调整住房公积金贷款最高额度的通知》	2022年6月15日	在青岛市行政区域内购买家庭首套自住住房的，借款申请人及配偶均符合申贷条件的，公积金贷款最高额度调整为80万元；借款申请人仅本人符合申贷条件的，公积金贷款最高额度调整为50万元。购买家庭第二套自住住房的公积金贷款最高额度政策保持不变
《关于加快发展保障性租赁住房的实施意见》	2022年6月17日	①保障对象：本市无房的新市民、青年人。②租金标准：不高于同地段同品质住房市场租金的90%。③户型面积：以建筑面积≤70平方米小户型为主。④建设目标：到"十四五"末，全市保障性租赁住房数量达到21万套（间），占"十四五"期间新增住房供应总量的30%
青岛市住房和城乡建设局回复市民提问	2022年7月18日	在回复中明确了在本市范围内，新建商品住房满5年方可上市交易，上市交易时限可以自合同网签备案时起算，二手住房取得《不动产权证书》满2年方可上市交易
青岛动态完善房地产政策	2022年9月15日	①继续在市南区、市北区（原四方区域除外）实行限购政策。②继续明确限购房源。对限购区域内新建商品住房，本地居民限购2套，二孩、三孩家庭可增购1套，外地居民居住满半年限购1套；二手住房不再限购
青岛人才住房政策放松	2022年11月1日	政策放松的具体内容：青岛部分人才住房配售住房条件放宽，第一轮，人才公寓优先配售市北区无房人员；第二轮，市北区无房人员配售完毕，面向全市范围内符合条件的人才统筹分配；第三轮，面向未享受过本市住房优惠政策、本人及配偶在本市持有商品住房不多于1套的人才出售

第三节　2022年1月~2022年11月房地产相关政策总结

2022年，房地产市场在国内外多重因素的影响下，进入了深度调整阶段，中央继续坚持"房住不炒"的总基调，本年内多次释放积极信号，不断优化调控政策，并支持全国各地结合当地实际情况，做出相应的房地产调整政策，促进房地产市场平稳健康发展，全年全国各县市的政策调控力度和频次达到近年来峰值，房地产政策已进入实质性放松阶段。

一、继续坚持"房住不炒"，强调因城施策支持刚性和改善性住房需求

2022年房地产市场持续呈现下行趋势，中央继续坚持"房住不炒"的总基调，调控政策已逐步向宽松转变。上半年，两会、中央政治局多次明确房地产调控思路，强调

因城施策满足合理住房需求，稳地价、稳房价、稳预期。7月中共中央政治局会议为下半年房地产调控政策定调，明确从因城施策、保交楼两个方面力促行业预期恢复。

10月，党的二十大报告中，有关房地产的相关内容为"坚持房子是用来住的、不是用来炒的定位，加快建立多主体供给、多渠道保障、租购并举的住房制度"，整体与党的十九大报告一脉相承，意味着"房住不炒"将成为我国长期坚持的房地产行业基调，不断强化住房的居住属性，同时中央将继续发力深化住房供给侧结构性改革，并大力推动发展住房租赁市场，完善租购并举、健全住房市场体系及住房保障体系。

11月11日，中国人民银行、中国银行保险监督管理委员会联合发布254号文件《关于做好当前金融支持房地产市场平稳健康发展工作的通知》，提出保持房地产融资平稳有序；积极做好"保交楼"金融服务；积极配合做好受困房地产企业风险处置；依法保障住房金融消费者合法权益；阶段性调整部分金融管理政策；加大住房租赁金融支持力度。11月22日，李克强总理主持召开国务院常务会议，围绕部署抓实抓好稳经济一揽子政策和全面保证各项政策见效等内容展开，会议从六个方面做出具体部署，其中在第三方面稳定和扩大消费中，再次强调落实因城施策支持刚性和改善性住房需求的政策，指导地方加强政策宣传解读。

二、压实地方政府责任，"保交楼"资金加快落地

2022年7月多地出现购房者集体"断供"现象，主要是因为部分房企发生资金的流动性问题，导致期房停工或烂尾，严重打击市场信心，购房者合法权益受到损害。监管部门高度重视并多次回应"断供"事件，下半年各部委近20次表态支持"保交楼"，8月住房和城乡建设部、财政部及中国人民银行明确要求，通过政策性银行专项借款方式支持已售逾期难交付住宅项目完成建设交付。9月，全国启动2 000亿元专项借款资金，"保交楼"资金进入实质性落地阶段。9月29日，中国人民银行明确推动"保交楼"专项借款加快落地使用。11月，中国人民银行和中国银行保险监督管理委员会联合发布254号文，明确要求积极做好"保交楼"金融服务，支持开发性政策性银行提供"保交楼"专项借款、鼓励金融机构提供配套融资支持，同时要求明确按照"后进先出"原则，项目剩余货值的销售回款要优先偿还新增配套融资和专项借款。这些政策均有利于"保交楼"资金更快投放。同月，中国人民银行宣布基于前期推出的"保交楼"专项借款，将面向6家商业银行推出2 000亿元"保交楼"贷款支持计划，继续推动"保交楼"工作全面落实，加快项目建设和交付，努力改善房地产行业资产负债状况，促进房地产市场健康发展。

三、金融支持力度增强，"租购并举"住房制度加快建立

2022年2月，中国人民银行、中国银行保险监督管理委员会发布通知，保障性租赁住房有关贷款将不纳入房地产贷款集中度管理。5月，国务院要求进一步盘活存量资产

扩大有效投资。在聚焦盘活存量资产重点方向方面，重点盘活存量规模较大、当前收益较好或增长潜力较大的基础设施项目资产，包括交通、水利、清洁能源、保障性租赁住房、水电气热等市政设施、生态环保、产业园区、仓储物流、旅游、新型基础设施等。8月，三只首批保障性租赁住房公募 REITs 产品正式发售，标志着我国保障性租赁住房公募 REITs 正式落地，打通了保障性租赁住房"融投管退"的模式闭环。10月，党的二十大再次强调了"加快建立多主体供给、多渠道保障、租购并举的住房制度"，表明中央将继续发力完善住房供应端制度政策，并大力推动住房租赁市场发展，完善购+租、市场+保障的住房体系。

11月，"金融16条"提出多项租赁相关举措，涉及引导金融机构重点加大对独立法人运营、业务边界清晰、具备房地产专业投资和管理能力的自持物业型住房租赁企业的信贷支持，合理设计贷款期限、利率和还款方式，积极满足企业中长期资金需求。鼓励金融机构按照市场化、法治化原则，为各类主体收购、改建房地产项目用于住房租赁提供资金支持。稳步推进房地产投资信托基金（REITs）试点。

四、全国各地因城施策频次创历史新高，拥有较高调控自由度

2022 年以来，中央多次提到要"因城施策"，给予各地较高的调控自由度，"一城一策"用好政策工具箱，地方政府结合当地市场变化及时调整政策节奏，大力保证市场预期稳定。2022年至今已有超过300个省市（县）出台政策近千条，主要涉及优化限购政策、降低首付比例、提高公积金贷款额度、发放购房补贴、降低限售年限、降低交易税费等方面。从政策优化节奏来看，4 月以来政策进入实质性宽松期，政策节奏加快和力度明显加大；下半年开始各地因城施策频率有所放缓，9 月政策优化节奏有所加快，热点城市加大优化力度。第四季度，各线城市政策继续优化的空间有限，政策调控频次稍缓。一线城市房地产市场需求旺盛，调控以微调为主；二线城市作为区域核心，住房需求支撑度较高，多采取渐进式放松模式；三、四线城市政策多数已基本放开，除部分城市外，整体政策调控空间有限，优化政策更侧重于调整公积金、发放购房补贴、加强人才引进等方面，对市场的提振效果并不明显。

2022 年，各地政策优化频次已近千次，达到近年峰值，政策力度进一步加强，对需求端政策的优化频发。信贷方面主要涵盖降低商贷首付比例、降低贷款利率下限、开展组合贷款、优化"认贷认房"等相关措施。2022 年以来央行 5 年期以上 LPR 下调 35 个基点，同时允许降低商业贷款利率下限，部分城市贷款利率已降至历史低位。公积金方面，随着930新政的发布，各地积极跟进，已有超百城执行调整后的公积金利率。

限购方面，一、二线城市逐步放松购房门槛，逐步放宽限制性措施，三、四线城市基本放开限购政策，主要涵盖放松限购区域范围、降低购房套数认定标准、降低非本地户籍居民购房门槛等方式。限价方面，部分城市有限度地调低备案价格下限，允许部分上浮销售限价。2022 年以来，多地将房地产调控政策与人才、人口、租赁等政策相结合，设立创新型政策工具，如多孩家庭住房扶持政策、"一人购房全家帮"的公积金购

房政策、支持集中购房等。创新型政策逐渐在二、三线城市普及，并向热点城市延伸。

第四节 2023 年房地产市场相关政策展望

受国内外不确定性因素影响，2022 年房地产市场供给和需求面均受到了较强的下行压力。为保障房地产市场健康平稳运行，防范化解市场系统性风险，2022 年房地产市场政策在保障"房住不炒"总基调不变的基础上，表现出较为宽松的政策环境，"保交楼""保融资""保运行"政策多措并举，保障房地产市场持续健康运转。

2022 年以来，我国房地产市场调控政策整体情况如下。中央层面：政策整体环境相对宽松，以缓和房地产市场的下行压力；多部门、多渠道统筹保障房地产市场合理融资需求，改善房地产行业资产负债情况；持续推进"保交楼"相关工作，防范化解市场重大风险，积极引导市场预期和信心回暖。地方层面：各地相继"因城施策"，动态调整已有"限售""限购"政策；加强地方房地产行业纾困基金建设，确保行业平稳健康运行；积极探索"租购并举"模式，保障有效满足"刚性"住房需求；持续优化信贷环境，支持改善性住房需求。

2023 年是党的二十大胜利召开后的开关之年，也是事关房地产行业整体调整优化的关键一年。2023 年，房地产行业整体环境的变化可能影响到未来几年内行业的整体基调。房地产行业的健康发展，事关防范化解系统性风险，事关国民经济平稳运行。在疫情防控政策平稳有序放开、政策环境相对宽松的大背景下，房地产行业应更为积极主动地抓住机遇，积极应变，努力实现发展模式创新，探索中长期发展道路。预计 2023 年房地产市场调控政策将主要包括以下几方面特点。

一、整体政策环境相对放宽，防范化解系统性风险

受疫情形势和国际事件冲击等因素影响，我国 2022 年房地产行业整体表现相对低迷，中央和地方政府虽已出台措施稳定房地产市场，但政策效果尚未得到有效释放。房地产行业是事关国民经济全局的重要行业之一，防范化解房地产行业风险，是防范化解系统性风险的重要环节。在当前经济下行压力和预期转弱普遍存在的形势下，房地产行业亟须外部政策疏导以帮助自身走出困境。因此，预计 2023 年，房地产行业的政策环境将继续延续相对宽松的基调，把处理好经济增长和房地产行业发展转型的关系作为党的二十大开关之年的重要任务，坚守不发生重大系统性风险的底线，保障房地产行业有序恢复和国民经济的高质量增长。

二、持续优化房地产调控政策，稳定房地产市场预期

以"限购""限售"政策为代表的房地产市场调控政策，在坚持"房住不炒"、落

实"三稳"中起到了重要作用。然而在 2022 年以来我国经济增速相对放缓，房地产市场相对走低的宏观背景下，部分住房消费领域的限制性政策客观上起到了制约消费需求有效释放的作用，结合发展客观需要，"因城施策"持续对部分现存调控政策优化升级，持续进行需求侧房地产调控政策改革，是下一阶段政府工作的重中之重。中央层面持续释放市场积极信号，积极引导市场预期，建立健全房地产政策评估体系与动态调整机制，动态调整优化房地产调控政策，促使房地产市场下行趋势得到缓释。

三、完善落实房地产金融政策，推进改善行业融资环境

2022 年，我国房地产市场的融资面表现出一定程度的阻力。受新冠疫情和国际因素的双重影响，我国相关金融机构对房地产企业资金供给仍相对审慎，房地产行业融资端出现了一定的困境。为保障房地产企业合理融资需求渠道畅通，2022 年下半年起，以中国人民银行、中国银行保险监督管理委员会为代表的各级政府陆续出台了一系列以"金融 16 条"为代表的行业性政策，增大房地产行业的资金供给。预计 2023 年，相关金融监管机构将进一步丰富优化政策工具箱，化解困难房企债务风险和不良资产，调整优化个人住房金融政策，降低居民购房成本，有效支持合理购房需求，促进住房销售止降回稳，积极探索多元化路径，及时化解房地产企业风险，解决企业债务违约和延期交付问题。房地产企业将继续享受相对宽松的金融环境以渡过难关。

四、持续推进"保交楼、稳民生"举措，有效提振购房者信心

居民预期是房地产市场的重要影响因素，运用政策工具提振购房者信心，稳定居民预期，是房地产市场平稳回暖、稳定复苏的"催化剂"。压实地方监管责任，确保地方政府积极推进"保交楼、稳民生"工作，是稳定房地产预期的先决条件。预计 2023 年各地政府将进一步落实保交楼有关措施，采取政企合作、产权收购、纾困基金等多种措施，推进地方在建项目顺利完工交付。各级政府将进一步释放积极市场信号，引导市场形成房地产市场的良好预期，激发房地产市场存量需求，推进房地产市场需求端回暖，进而推动国民经济平稳有力恢复。

第三章　2022 年房地产市场运行状况评价

在多年研究与探索的基础上，中国科学院大学中国产业研究中心于 2013 年正式构建与推出"中国科学院房地产指数"系列（简称中科房指），包括中科房地产健康指数（CAS-REH 指数）、中科房地产区域指数（CAS-RERSD 指数）、中科房地产场景指数（CAS-RES 指数）与中科房地产金融状况指数（CAS-REF 指数）。该系列指数能够对房地产市场健康发展状况予以监测，通过科学方法获得的定量指标对中国城市房地产的健康发展做出全面和准确的探测，能够通过简单易行的方式发现房地产市场发展中存在的隐患和问题；能够监测房地产市场供给与需求匹配状况，在城市间进行横向比较，对房地产市场未来发展具有重要的预警作用，为调整房地产市场的地区结构和统筹兼顾提出参考；能够反映房地产的区位属性，指导房地产行业可持续发展，在某种程度上体现区域房地产价格的发展潜力；并对我国房地产金融体系运行状况进行评估，预测我国房地产金融市场走势，监测我国潜在的房地产金融风险。

中科房指将在每年年度报告中更新发布。

第一节　中科房地产健康指数

一、CAS-REH 指数指标体系

对房地产市场的健康状况进行评价，首先必须构建科学、全面和具有可操作性的指标体系。指标选取的准确性和正确性直接关系到指标的有效性和指导性。

CAS-REH 指数在指标选取过程中，第一，必须要求指标具有全面性，即需综合考虑市场整体健康水平、房地产产业内部健康水平以及房地产业与民生相关领域的健康水平，以涉及和涵盖市场中各个领域的相关问题。第二，在全面选取的基础上，CAS-REH 指数还强调指标应具有较好的代表性。房地产市场健康评价指标体系涵盖内容十分丰富，每个方面的问题均可通过多个指标予以体现，在指标选取过程中，应着重抓住与评价对象直接相关或能够产生重大影响的关键要素，突出具有代表性的对象。第三，CAS-REH 指数的指标选取还注重指标的可靠性。面对很多类似、重叠或者可以相互替代的指标，其可能由不同机构或部门发布，因此统计口径和时间长度等方面可能存在一定的差异性。在指标选取过程中，尽可能选择时间长度跨度较长、统计方法和统计口径较为稳定的指标作为 CAS-REH 指数的主要参考指标。第四，指标的选取还应考虑

数据的可获得性，指标的选取一定要方便评价过程的实施。因此，指标的选取尽可能与国家现有的统计指标相一致，以使得评价和分析的指标更易获得。

二、CAS-REH 指数指标简介

为了全面反映房地产市场运行健康状况，CAS-REH 指数指标系统共设置四个一级指标，分别是房地产业与国民经济协调关系、房地产市场供求关系、行业内部协调关系、房地产业与民生协调关系。每个一级指标下设若干二级指标，如表 3.1 所示。

表 3.1　CAS-REH 指数指标体系

指标分类	指标定义
房地产业与国民经济协调关系	房地产业开发投资额/GDP
	房地产开发投资额/固定资产投资额
	居民居住消费价格指数/居民消费价格指数
房地产市场供求关系	供需比（出让土地住宅用地规划建筑面积总和/住宅销售面积总和）
	商品房新开工面积/施工面积
	吸纳率（竣工面积/商品房销售面积）
行业内部协调关系	商品房销售额
	房地产企业景气指数
	商品房新开工面积/商品房待售面积
	房地产开发贷款资金/房地产企业自有资金
房地产业与民生协调关系	商品住宅平均销售价格/城镇居民可支配收入
	房价增长率/收入增长率

（一）房地产业与国民经济协调关系

1. 房地产业开发投资额/GDP

此指标反映的是当季房地产开发投资额占当年 GDP 总量的比例。房地产业与国民经济的协调发展非常重要，因为合理的房地产投资有利于推进房地产业经济的增长，带动相关产业的发展，从而促进国民经济的增长。如果房地产开发投资额在 GDP 中所占比例过高，则会导致供给过剩。一般而言，房地产对区域经济有拉动作用，但是当房地产发展过热（或过冷）时，即与国民经济发展不协调时，房地产业增加值的增长速度（减少速度）会明显快于 GDP 的增长速度（减少速度），房地产业开发投资额/GDP 这一指标便会发生明显的变化。房地产市场与国民经济协调发展时，该指标应该维持在一个合理的区间。

2. 房地产开发投资额/固定资产投资额

房地产开发投资额占全社会固定资产投资额的比例，反映了当期房地产开发投资总额在当期全社会固定资产投资总额中的比例。此项指标直接反映出房地产投资结构是否合理，在投资方面房地产业对宏观经济的拉动情况。一般而言，房地产投资增加（或减少），固定资产投资也会随之相应增加（或减少），因此，在房地产市场及社会经济均发展稳定时，房地产开发投资额/固定资产投资额应该是一个比较稳定的数值，但是当房地产市场发生波动时，房地产开发投资额在固定资产投资额中所占的比例就会产生显而易见的波动。

3. 居民居住消费价格指数/居民消费价格指数

此指标表示观察期内居民居住类消费占总体消费的比例。居民消费价格指数由一揽子商品价格加权平均组成，其中某一时期居住类消费占总体比例过高或过低都能够反映出房地产市场波动状况对居民生活的影响，以及这种影响占总体消费的比重。观察这一指标有利于了解与总体物价波动水平相比，居住类消费的波动在其中所扮演的角色。

（二）房地产市场供求关系

1. 供需比

供需比即出让土地住宅用地规划建筑面积总和与住宅销售面积总和的比值。当供需比大于200%时，处于供给严重过剩状态；当供需比大于120%且小于200%时，处于供给轻度过剩状态；当供需比大于80%且小于120%时，处于供需基本均衡状态；当供需比小于80%时，处于供给相对不足状态。2016年，出让土地住宅用地规划建筑面积指标停止统计和更新，为了保持数据的连贯性，本书采用全国住宅用地推出土地建设用地面积替代出让土地住宅用地规划建筑面积，并基于2016年前的计算结果同比例折算出供需比数据。

2. 商品房新开工面积/施工面积

此指标是前瞻性指标，反映当期商品房新开工面积在当年施工面积中的比例大小。商品房新开工面积，是指在报告期内新开工建设的房屋建筑面积，不包括上期跨入报告期继续施工的房屋面积和上期停缓建而在本期恢复施工的房屋面积。商品房施工面积，是指报告期内施工的房屋建筑面积，包括本期新开工面积和上年开发跨入本期继续施工的房屋面积，以及上期已停建在本期复工的房屋面积。此比值若降低，说明新开工面积的增长幅度放缓，是观望情绪浓厚等一些原因造成的销售市场低迷，因此二者的比值能从侧面反映商品房市场的供给情况。

3. 吸纳率

此指标反映房地产市场基本供求平衡状况，观察期内商品房销售面积超过商品房竣工面积能够反映开发商手中可售房源存量下降，市场需求增强。如果商品房销售面积大幅超过商品房竣工面积，表明市场供不应求现象严重，可能催生投机炒房现象。同时，如果商品房竣工面积持续大于销售面积，表明市场中消费者观望气息浓重，成交放缓，开发商手中空置房屋面积存在不断上涨的可能。

（三）行业内部协调关系

1. 商品房销售额

商品房销售额指报告期内出售商品房屋的合同总价款，反映了市场的绝对规模。其包括销售前期预售的定金、预售款、首付款及全部按揭贷款的本金等款项。

2. 房地产企业景气指数

房地产企业景气指数能够有效衡量房地产企业自身的发展状况，房地产市场的良性发展离不开稳定健康的房地产开发企业。此指标能够从企业内部的运营状况角度反映房地产开发企业自身景气程度。

3. 商品房新开工面积/商品房待售面积

此指标反映房地产市场当前与未来供给状况。观察期内商品房新开工面积过低，一方面反映出市场开发热情走低，亦有可能出现土地囤积现象；另一方面可能会在未来造成市场供给不足。此指标数值过高可能表示市场出现过热现象，同时会导致未来某一时刻商品房集中入市，给市场造成冲击。

4. 房地产开发贷款资金/房地产企业自有资金

此指标反映房地产开发企业资金来源状况。观察期内房地产企业贷款数额和自有资金比例过高，表明房地产开发商开发热情高涨，通过大量银行贷款完成房地产开发，同时表明房地产开发企业具有较大的资金风险，一旦市场出现波动，出现资金链断裂的可能性加大，为整个市场带来隐患。若此比例过低则反映房地产开发企业开发热情减退，同时信贷支持力度不足，亦不利于房地产企业和房地产市场的高效运转。

（四）房地产业与民生协调关系

1. 商品住宅平均销售价格/城镇居民可支配收入

商品住宅平均销售价格/城镇居民可支配收入是反映商品住宅价格增长的幅度是否与居民收入的增长相协调的指标。商品住宅平均销售价格说明市场上为大多数购买者提供的普通商品住宅所处的价格水平，当商品住宅平均销售价格与大多数购买者的收入比例相协调时，则商品住宅的价格不会脱离市场需求的支撑，仍然处于大多数购买者的购买能力之内；但当商品住宅价格长期增长过快，远远高于大多数购买者的收入可承受范围时，则预示着商品住宅销售价格开始脱离市场支撑，容易产生市场波动，可能引起全社会的经济社会问题。客观上，商品住宅平均销售价格/城镇居民可支配收入必然有一个合理的比例区间。比例过低或比例过高，都存在相应的问题。

2. 房价增长率/收入增长率

房价增长率与收入增长率的比例关系能够反映出房地产市场价格增长与市场中的消费者购买力的协调程度。如果房价增速大大高于人民群众的收入增长速度，则可能对民生产生极为负面的影响，如导致购房难等问题。同时，购房支出给消费者造成过重的负担可能导致消费者其他领域消费能力不足，影响消费者生活质量。房价与收入增长率的长期偏离会对市场的可持续发展造成威胁。

三、CAS-REH 指数的解读及功能

围绕上文提出的房地产健康评价体系，本书以 Wind 数据库、同花顺 iFinD 数据库的相关数据为基础，首先对房地产业与国民经济协调关系指标、房地产市场供求关系指标、行业内部协调关系指标、房地产业与民生协调关系指标进行归一化处理，然后运用因子分析法确定各指标的权重，从而计算得到 CAS-REH 指数，结果详见表 3.2。

表 3.2 CAS-REH 指数

时间	CAS-REH 指数	时间	CAS-REH 指数	时间	CAS-REH 指数
2001Q1	100	2008Q2	161.45	2015Q3	167.14
2001Q2	113.27	2008Q3	127.05	2015Q4	155.41
2001Q3	111.25	2008Q4	94.25	2016Q1	195.46
2001Q4	119.83	2009Q1	73.47	2016Q2	169.52
2002Q1	161.13	2009Q2	105.26	2016Q3	214.36
2002Q2	137.36	2009Q3	133.57	2016Q4	219.39
2002Q3	153.41	2009Q4	173.44	2017Q1	221.07
2002Q4	72.48	2010Q1	167.36	2017Q2	234.95
2003Q1	149.61	2010Q2	169.04	2017Q3	229.86
2003Q2	168.51	2010Q3	173.29	2017Q4	233.31
2003Q3	157.32	2010Q4	188.35	2018Q1	228.34
2003Q4	155.37	2011Q1	156.91	2018Q2	242.98
2004Q1	156.46	2011Q2	171.20	2018Q3	253.77
2004Q2	155.12	2011Q3	160.97	2018Q4	250.96
2004Q3	157.49	2011Q4	127.36	2019Q1	252.40
2004Q4	166.22	2012Q1	183.44	2019Q2	254.09
2005Q1	134.21	2012Q2	143.57	2019Q3	254.31
2005Q2	144.33	2012Q3	156.92	2019Q4	253.34
2005Q3	150.62	2012Q4	146.87	2020Q1	256.43
2005Q4	177.26	2013Q1	147.95	2020Q2	255.25
2006Q1	164.31	2013Q2	154.37	2020Q3	255.22
2006Q2	161.52	2013Q3	151.22	2020Q4	255.27
2006Q3	157.94	2013Q4	163.41	2021Q1	255.13
2006Q4	147.07	2014Q1	148.29	2021Q2	254.17
2007Q1	144.32	2014Q2	132.36	2021Q3	254.00
2007Q2	171.15	2014Q3	118.53	2021Q4	254.76
2007Q3	181.35	2014Q4	143.26	2022Q1	252.82
2007Q4	166.42	2015Q1	138.71	2022Q2	252.73
2008Q1	217.44	2015Q2	157.33	2022Q3	252.62

注：Q 表示季度，后同。

根据表 3.2 计算结果，我们构建了 CAS-REH 指数图，以清晰形象地反映房地产市场健康状况，如图 3.1 所示。

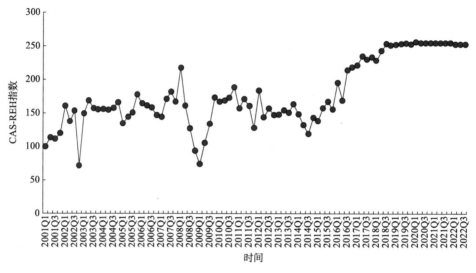

图 3.1　CAS-REH 指数

（一）CAS-REH 指数解读

1998 年以来，住房分配格局以市场化为主导，在此基础上，房地产二级市场全面启动，在财税领域，有关房地产的配套税收等制度日趋成熟，在金融市场上，与房地产交易有关的融资贷款开始兴起，一系列新词汇诸如"按揭""房奴"等概念开始为人们所熟知。在以上这一系列综合政策的推动之下，我国的房地产业驶上了高速发展的快车道。这一快速发展的势头连续保持了多年，在这一轮房地产发展的浪潮中，一些城市特别是一线大城市，在一定的时期内出现了种种发展问题，导致了商品房价格及土地价格不正常地扭曲上涨。

21 世纪的最初几年，是这一轮地产市场新发展的起始时期，在这几年中，普通购房者的自用需求是市场的主导，商品房价格也没有出现迅速拉升，当然这也导致了市场供求并不旺盛，市场活跃度不高。从 CAS-REH 指数上看，随着市场的不断完善，各种机制理顺，市场健康水平在不断的波动中呈现稳定上升态势。

2003 年，中国整体的国民经济被突如其来的"非典"疫情拖累，出现了增长缓慢和局部动荡，也正是在这一年，《国务院关于促进房地产市场持续健康发展的通知》发布，在这一则通知中，提出了"以住宅为主的房地产市场不断发展，对拉动经济增长和提高人民生活水平发挥了重要作用"的内容，阐明房地产业的重要性："房地产业关联度高，带动力强，已经成为国民经济的支柱产业。"我国房地产投资大幅增长，房地产业在这一年成了拉动国民经济整体上升的重要行业。从 CAS-REH 指数上看，这一阶段市场受到政策利好的刺激而得到良好发展，保持了较高的健康状态。

2004 年和 2005 年，国家相继出台了财税、金融政策，对房地产市场进行宏观调控，在调控政策的影响下，房地产市场成交价格有所下跌。2004 年第一季度，房地产行业开发投资额已经出现了超过 40%的增幅，2004 年全国商品房成交均价涨幅达到 14.4%，远远高出过去五年间不足 4%的平均增长幅度。在这样的背景下，政府迅速采取措施，对房地产市场施加了有效的政策干预，在当年启动的房地产市场调控措施中，暂停了半年内农用地向非农建设用地转化，同时央行提高了商业银行存款准备金率和项目资本金比例，对于不包含经济适用房的房地产开发项目，将其资本金的要求提高到了 35%。在 2005 年的两会上，由温家宝总理所做的《政府工作报告》首次明确提出要抑制房价过快上涨势头，并将这一目标作为当年宏观调控的一项重要任务。从 CAS-REH 指数上看，面对出现的市场过热苗头，在前期保持的良好健康水平下，2005 年的市场健康水平明显低于前一时期，但政府所采取的一系列有效措施，在短时间内对房地产市场起到了降温作用，使得健康水平获得回升，市场健康程度仍属平稳。

2003~2005 年的三年中，房地产市场为未来的快速上涨积蓄了充足的能量，这可以被视作房地产市场上涨期的前奏。这几年中，整体国民经济的快速发展带来了人民收入的迅速提高，购买力持续提升，客观上对住房消费产生了极大刺激。但整体来看，这三年的商品房价格增速开始提高，房地产市场的投资功能被逐渐挖掘，大量资金涌入房地产市场，对房地产市场的整体火热起了关键的推动作用。在进入"十一五"时期后，由于前一阶段房地产调控措施打压了开发投资热情，故房地产市场供应减缓。在对供给端施加影响的时候，市场中的购买需求并没有减少。新开工面积出现了明显的下降，对于房地产市场投资者、自住者的心理预期造成了压力，给人们造成了供不应求的未来市场预期，一些重点城市的房地产价格逆势增长。面对被逐渐推高的房价和高涨的投资热情，政府从优化房地产市场结构、调整房地产相关领域税收以及严格控制土地使用和收紧贷款等诸多渠道对房地产市场进行宏观调控。2006 年出台了代表性的政策——"套型建筑面积 90 平方米以下住房（含经济适用住房）面积所占比重，必须达到开发建设总面积 70%"。

尽管政府在调控方面采取了一系列措施，但是从成效来看与预期存在着较大的差距，2006~2008 年，房地产市场在不断的调控中持续火爆，价格持续走高，房价已经成为民生问题的重要热点。虽然不断有新盘入市，但这几年间一直出现有效供给不充足的问题，在保障性住房领域举措不多，仅有的几项措施也没有能够完全落地实施，楼市追涨现象不断出现。截至 2007 年 12 月，70 个主要城市新建商品住房销售价格同比上涨达到 11.4%，环比上涨 0.3%。2006 年、2007 年两年，房价走出了一个不断冲高的轨迹。在 2008 年上半年，房地产市场销售价格已经稳定在高位，市场已经越来越清晰地意识到，期盼房价下跌几乎已经不再可能，市场观望气息浓重。2008 年上半年成交量下降超过 50%。但是，2008 年爆发的全球性金融危机使得房地产开发商在政策上获得了难得的红利，投资性需求对市场起到了主推和提振作用，在宏观经济出现下行风险和不利波动的同时，房地产市场反而走强。之后我国政府为了防范房地产市场受到国际金融危机的影响，采取了一系列措施使房地产业渡过了经济危机。从 CAS-REH 指数上看，伴随着楼市的持续增温，市场变得空前活跃，但这种火热中伴随着失控的风险，在 2006 年市场火爆中健康水平达到高位，但随着市场风险的增加以及市场价格与人民收入的不协调日趋显现，市场健康程度从开始一路向下，至 2008 年底达到了历史最低。

在 2009 年，随着经济危机影响的减退，房地产市场逐渐恢复，2009 年房地产业又呈现高速增长的态势，房地产开发投资额和房地产价格创历史新高。"小阳春"之后房价如脱缰般展开了全面的上涨，房地产市场重新走入了高涨期，全国各主要城市涨声四起，不少天价楼盘涌现，各地也频频出现"地王"。在金融危机的阴影还没有完全从市场退去的时候，与绝大多数仍然在困境中徘徊的行业相比，房地产业则走出了完全不一样的轨迹。不足半年就实现了从濒临绝境到重获新生的巨变，重新攀升的房价让购房者再次回到观望中，房地产市场成交额已经达到 GDP 的 20%，地产泡沫愈演愈烈。从 CAS-REH 指数上看，在 2009 年初，健康指数达到观察期内的最低值，随着保障性住房成规模上市以及对征收物业税的规划，政府再一次表明了坚决调控的态度，市场正在努力回归正常的轨道。

从 2010 年到 2012 年，房地产市场调控政策不断加码，中央管理层多次反复强调了要坚持住宅市场调控不动摇。房产税在上海和重庆两地试点，房地产市场调控亦纳入地方政府考核关注之列，"限贷""限购"等一系列强力措施不断出台，在这一系列相关政策的作用下，楼市进入了一个相持期。2011 年，全国 70 个大中城市中有 68 个城市的房价上涨，其中 10 个城市的房价涨幅超过 10%。虽然其间我国政府连续 3 次出台宏观调控政策对房地产市场进行调控，但从以上数据来看，调控效果并不是很理想。从 CAS-REH 指数上看，与 2009 年的低谷相比，房地产健康程度明显改善，尽管在 2011 年前后由于市场对政策的"抗药性"逐渐显现，市场健康水平出现了下降，但仍然可以发现，我国房地产市场的发展在经过十余年的波动和成长后，正在向着健康和稳定的趋势发展。

2013 年，"宏观稳、微观活"成为房地产政策的关键词，全国整体调控基调贯彻始终，不同城市政策导向出现分化。年初"国五条"及各地细则出台，继续坚持调控不动摇，"有保有压"方向明确。下半年以来，新一届政府着力建立健全长效机制、维持宏观政策稳定，十八届三中全会将政府工作重心明确为全面深化改革，不动产登记、保障房建设等长效机制工作继续推进，而限购、限贷等调控政策更多交由地方政府决策。不同城市由于市场走势分化，政策取向也各有不同，北京、上海等热点城市陆续出台措施平抑房价上涨预期，而温州、芜湖等市场持续低迷的城市，在不突破调控底线的前提下，微调当地调控政策以促进需求释放。全国房地产开发投资比上年名义增长 19.8%（扣除价格因素实际增长 19.4%）。其中，住宅投资占房地产开发投资的比重为 68.5%。房地产开发企业商品房施工面积比上年增长 16.1%。房地产开发企业土地购置面积比上年增长 8.8%，土地成交价款增长 33.9%。商品房销售面积比上年增长 17.3%，房地产开发企业到位资金比上年增长 26.5%。从 CAS-REH 指数上看，与 2012 年房地产健康状况的动荡相比，房地产健康程度呈现继续改善情况，我国房地产市场的发展经过波动和成长后，在向着更加健康和稳定的趋势发展，从侧面反映政府坚决调控的态度，市场在向着正常的轨道回归。

2014 年，全国、地方两会陆续召开，中央更加注重房地产市场健康发展的长效机制建设，积极稳妥推进市场化改革，不动产登记制度加速推进，全面深化改革成为关键词。新型城镇化规划的提出与落实，有助于房地产行业平稳发展；同时一系列房地产业相关制度渐进改革，房地产业长效机制逐步推进。从政策影响来看，随着信贷政策的适度收紧和市场供求关系的改变，全国房地产整体出现下滑迹象，新开工面积、销售面积、土地购置面积同比出现负增长，不同城市间的分化现象较为明显。从 CAS-REH 指数来看，房地产市场健康状况先有较小降低，之后呈现反弹状态。与此同时，各地房地产调控政策调整动作则趋于频繁，在"双向调控"的基调下，定向放松限购，通过信贷、公积金等方式鼓励刚需，成为部分面临去化风险城市的政策突破口。下半年新一届政府的房地产调控思路已经逐渐清晰，中央更加看重经济增长的质量，更加重视增长方式转型和经济结构的升级。房地产开发投资增速平稳回落，新开工面积再次出现负增长，增幅下滑显著，受上半年基数偏高影响，房屋销售增速小幅下滑，销售形势整体趋紧，房地产贷款增速小幅回落，个人住房贷款增速平稳，房价同比上涨的城市个数稳定在高位，但整体涨幅持续回落，土地购置面积出现小幅下降，地价涨幅回落。从 CAS-REH 指数来看，房地产市场的健康状况呈现较小幅度的稳步上升趋势。

2015 年，利好政策持续出台，市场回暖趋势明确，连续多月创历史同期成交新高，前三季度成交同比增长近三成，其中一线城市增幅最为显著。百城住宅均价同比也止跌转涨，涨幅扩大，第三季度上涨 1.78%，涨幅较上半年扩大 0.96 个百分点。但前三季度土地供需维持低位，土地出让金下降，成交结构致楼面价持续上涨。品牌房企业绩保持稳定增长，前三季度房企拿地规模创近五年新低。展望未来，中央积极推进稳增长。未来房地产调控将通过多重政策鼓励企业投融资，加快企业开发节奏将成为重点。预计第四季度，随着政策效应的逐渐趋弱，成交环比微幅下降，但全年仍呈显著增长。第四季度新增供应也将有所回升，但全年仍不及 2014 年。从 CAS-REH 指数来看，总体而言，房地产市场正在回归正常轨道，且目前比较稳定。

2016 年，房地产市场环境整体宽松，但 1~8 月各项指标增速放缓，在第三季度尤为显著。其中全国商品房销售面积、销售额同比增长 25.5%、38.7%，较 1~8 月分别都收窄 1.1 个百分点；新开发面积同比增长 12.2%，开发投资额同比增长 5.4%，增速较 1~8 月分别减少 1.5 个、0.1 个百分点。价格方面，百城价格指数则从 2013 年 9 月开始回落，之后呈现持续下滑态势，直至 2014 年 9 月跌至近年来低点。2015 年开始，百城价格指数开始上升。2016 年百城住宅均价环比第一季度累计上涨 2.92%，3 月环比涨幅达历史新高，为 1.9%；第二季度累计上涨 7.39%；第三季度进一步扩大，累计上涨 14.02%，同比已连续上涨 17 个月。截至 9 月底，百城住宅均价上涨至 12 617 元/米^2。从 CAS-REH 指数来看，与 2015 年房地产健康状况的动荡相比，房地产健康程度呈现继续改善的情况，房地产市场的发展经过波动和成长后，在向着更加稳定和健康的方向发展，这从侧面反映了政府坚决调控的态度，市场在逐步向着正常的轨道回归。

2017 年，各地陆续出台房地产调控政策。与往年的限贷、限购不同的是，本年新增了限售政策，同时对房企新开楼盘进行了限价；在土地端，"限房价竞地价""土拍熔断""熔断后竞自持"等政策进一步对土地市场进行规范；房地产市场调控的城市能级也逐步下沉至三、四线城市，防止三、四线城市因楼市过热而产生新的一轮库存。党的十九大报告中习近平总书记表示"坚持房子是用来住的、不是用来炒的定位，加快建立多主体供给、多渠道保障、租购并举的住房制度，让全体人民住有所居"。2017 年前三季度，商品房销售面积累计同比增长 10.3%；商品房销售额同比增长 14.6%；从销售价格来看，70 个大中城市中一、二线城市的同比增速下滑明显，三线城市逐渐企稳，房地产价格已基本实现"稳着陆"。从 CAS-REH 指数来看，由于多种调控政策的齐头并举和"因城施策"与"因地制宜"的调控方式，2017 年前两季度 CAS-REH 指数保持小幅稳步上升态势，第三季度小幅回落。CAS-REH 指数整体相对 2016 年有所升高，从往年频繁的波动中趋稳，达到了自 2001 年以来的最高值。可以看出，政府的多元化调控政策促使房地产市场保持在健康的轨道上发展。

2018 年，在金融财政政策定向"宽松"的同时，房地产调控政策仍然"从紧"，3 月的两会和 7 月的中央政治局会议对住房属性的明确规定确定了全年房地产调控的政策基调。2018 年房地产市场在需求端继续深化调控的同时，更加注重强化市场监管，坚决遏制投机炒房，保障合理住房需求。在供给端则发力住房供给结构调整，大力发展住房租赁市场、共有产权住房等保障性安居住房，增加有效供给比重。2018 年房地产市场运行状况整体向好，主要表现在以下方面：价格方面，百城价格整体趋稳，三线城市涨幅回落明显；供求方面，供给增长、成交平稳，短期库存水平更趋合理；土地方面，推出和成交继续增长，但热度明显下降，流拍现象突出；房企方面，业绩保持增长、拿地放缓，房地产企业指数持续上升。2018 年前三季度，累计销售额同比增长 13.3%，与 2017 年同期基本持平，累计销售面积同比增速下降幅度较大，同比增长仅为 2.9%。2018 年以来，百城均价各季度累计涨幅较 2017 年同期均收窄，整体价格趋于稳定。12 月，百城房价单月环比涨幅为 0.25%，涨幅明显回落，更是有 36 个城市出现新房价格下跌，房价上涨预期的转变，这是房地产市场回归理性的关键标志。从 CAS-REH 指数来看，由于中央政府进一步强化明确住房属性，热点城市和一线城市继续保持严格的限购、限贷、限售等政策，坚持降杠杆和去泡沫；部分二线城市放宽落户门槛限制，变相放松了限购，推升了购房需求。2018 年前三季度 CAS-REH 指数继续保持小幅稳步上升态势，达到了自 2001 年以来的最高值，2018 年各季度 CAS-REH 指数相较于近年来健康指数变化更趋平稳且稳步增长，可以看出，政府调控取得了一定成效，房地产市场预期更趋理性，市场朝着健康、稳定方向运行。

2019 年，在"稳低价、稳房价、稳预期"的总要求下，我国房地产市场依然坚持"房住不炒"的总基调，整体保持平稳增长态势。2018 年 12 月中旬召开的中央经济工作会议强调，构建房地产市场健康发展长效机制，坚持"房子是用来住的、不是用来炒的"定位，因城施策、分类指导，夯实城市政府主体责任，完善住房市场体系和住房保障体系。2019 年，政府强调积极的财政政策要加力提效，稳健的货币要松紧适度，经济保持平稳增长。在房地产政策方面，政策在需求侧进一步完善住房供给结构，加快住房租赁市场和共有产权房市场发展；在需求侧合理满足居民消费性住房需求，严厉控制投机炒房行为；在市场监管方面，加强房地产金融风险监管调控，防止系统性风险的发生，各地方政府落实主体责任，房地产市场调控和监管更加积极有效。2018 年第四季度以来，我国经济下行压力不断增大，房地产市场行情有所降温，具体表现在以下几点。价格方面，2019 年 1~11 月，商品住宅平均销售价格有所上涨，但涨幅明显收窄，2019 年 11 月，商品住宅平均销售价格为 9 304 元/米^2，较上年同期增长 8.92%，增幅下降3.5个百分点。一线城市房价涨幅稳中有升，二、三、四线城市房价涨幅收窄明显。供求方面，供给结构不断优化，需求略显乏力，市场去化压力有所增大。一线城市供应端有所改善，成交面积有所增加，二线城市内部差异更为明显，三线城市成交规模有所下降。土地方面，农村土地制度改革不断推进，住宅用地调控目标进一步细化，住宅用地供需规模同比小幅增长，成交均价增幅明显，土地流拍问题仍较为严重。房企方面，融资成本有所上升，房企拿地节奏放缓，销售业绩整体向好，但部分中小型房地产企业面临较大资金压力。整体而言，2019年，房地产市场严格遵循"房住不炒"，不把房地产作为短期刺激经济的手段，构建房地产长效发展机制的总要求，热点和一线城市继续保持严格的限购、限贷、限售等政策，不断优化住房供给结构，住房成交面积同比显著增长，但房价涨幅明显收窄；二线城市继续坚持"一城一策"的调控节奏，内部分化更为明显，三、四线城市在经济下行压力不断增大的背景下，房地产市场发展承压加大。2019年前三季度CAS-REH指数继续保持小幅上升态势，增幅平稳。这一定程度上反映出我国政府房地产市场调控取得一定成效，房地产市场长效机制进一步完善，房地产市场朝着健康、稳定的方向发展。

2020年，由于新冠疫情的暴发，国内外经济政治形势错综复杂，中国的经济韧性凸显，房地产作为经济发展的稳定器和压舱石，表现亦超预期，目前全国房地产市场已完全走出疫情影响，进入正常运行通道。对于房地产市场来说，2020年中央调控力度不放松，即使是在疫情最为严重的第一季度，仍坚持"房子是用来住的、不是用来炒的"定位不变，中国银行保险监督管理委员会、中国人民银行、住房和城乡建设部等中央部委多次召开会议强调保持楼市调控政策的连续性和稳定性。7月以来，受热点城市房价、地价的不稳定预期增加影响，中央多次召开会议强调不将房地产作为短期刺激经济的手段，稳地价、稳房价、稳预期，确保房地产市场平稳健康发展。在价格方面，2020年1~11月百城新建住宅价格累计上涨3.19%，涨幅较上年同期扩大0.28个百分点。第一季度受疫情影响新建住宅价格累计涨幅较上年同期明显收窄，第二季度以来随着疫情影响逐步减弱，各季度累计涨幅较上年同期均有所扩大，二、三季度累计涨幅均在1%以上，10~11月价格累计上涨0.72%，较上年同期扩大0.36个百分点。2020年1~11月一线城市价格累计上涨3.77%，在各梯队城市中涨幅最大，较上年同期扩大3.43个百分点。二线部分城市政策收紧后，市场降温，1~11月二线城市价格累计上涨3.32%，较上年同期收窄1.13个百分点。三、四线代表城市价格累计上涨2.26%，涨幅较上年同期收窄1.52个百分点，收窄幅度在各梯队城市中最大。2020年前三季度CAS-REH指数继续保持小幅上升态势，增幅平稳，房地产市场朝着健康、稳定的方向发展。

受新冠疫情影响，宏观经济和社会发展依然面临诸多不确定性和重大挑战。全国房地产政策呈现明显的"先紧后松"特征。其中，7月之前执行了比较严厉的政策，包括"三道红线"、房贷集中度、集中供地等。这和房地产市场出现过热和炒作等现象有关。防范房地产市场风险和房地产金融风险的相关提法明显增多。8月以来，受部分房企爆雷、房地产市场快速且持续降温等影响，房地产政策出现重要变化，主要体现在对房企金融风险的关注、对房贷投放的放松等。中国人民银行、中国银行保险监督管理委员会联合召开房地产金融工作座谈会，金融机构要按照法治化、市场化原则，配合相关部门和地方政府共同维护房地产市场的平稳健康发展，维护住房消费者合法权益。从市场成交量来看，2021 年 1~10 月，全国商品房销售面积 143 041 万平方米，同比增长 7.3%，一、二、三线典型城市二手房成交量同比增速分别为 4.8%、2.9%和-0.4%，11~12 月房地产销售面积略有上升。从市场价格来看，全国房地产开发企业土地购置均价 7 211 元/米^2，同比增长 12.6%，全国商品房成交均价 10 290 元/米^2，同比上涨 4.2%，其中第一季度房价涨幅再度回升，但在中央和地方调控政策持续加码的背景下，房价上涨势头于 4 月见顶，5 月开始回落。2021 年 CAS-REH 指数整体来看趋势仍然较为平稳。

2022 年不仅是全面建设社会主义现代化国家新征程的重要时间节点，也是房地产行业发展迈向新调整周期的关键时期。作为"十四五"规划起步后、乘风破浪开新局的又一年，房地产市场的健康运行是高质量发展的重要保障之一。在新冠疫情持续演变，外部环境日趋复杂的背景下，房地产市场"求稳"和"求变"并存，机遇与挑战同在。2022 年第三季度以来，我国房地产市场行情具体表现在以下几点。开发投资方面，2022 年 1~10 月，全国房地产开发投资额共计 11.4 万亿元，较上年同期下降 8.8 个百分点，房企到位资金同比出现持续下降的情况，市场开发投资悲观情绪较浓。价格方面，楼市迎来"贬值潮"，房价较 2021 年同期出现下降，2022 年 1~11 月百城新建住宅价格累计上涨仅 0.06%，较 2021 年同期下降 2.4%。百城二手住宅价格在 2022 年 1~11 月累计下跌 0.55%，其中，上半年百城二手住宅价格累计上涨 0.17%，较 2021 年同期收窄 2.39 个百分点。11 月数据显示，百城新建住宅均价 16 190 元/米^2，百城二手房住宅均价 15 911 元/米^2，二者环比分别下跌 0.06 个、0.05 个百分点。供需方面，2022 年 1~10 月，全国商品房新开工面积为 10.4 亿平方米（同比减少 37.8%），全国商品房销售面积 11.1 亿平方米（同比下降 22.3%），供需两端均出现减弱态势。与此同时，2022 年前 10 个月的商品房销售额总计 10.9 万亿元，较上年同期降低 26.1 个百分点，销售市场疲态尽显，成交规模大幅下降。2022 年监管部门多次释放政策利好，随着房地产市场供需两端政策调整和支持力度进一步加大，待收入预期和消费情绪转变，市场走出底部指日可待。其前三季度 CAS-REH 指数虽然呈现出小幅下跌态势，但整体来看发展趋势相对平稳，待疫情形势改善、调控政策进一步取得成效后，房地产市场或将出现明显"回暖"迹象。

（二）CAS-REH 指数的功能

首先，CAS-REH 指数能够对房地产市场健康发展状况予以监测，通过科学方法获得的定量指标对中国城市房地产发展的健康发展做出全面和准确的探测，能够通过简单易行的方式发现房地产市场发展中存在的隐患和问题。CAS-REH 指数对极为不利的市场变化十分敏感，如 2009 年初 CAS-REH 指数所表现出来的极低指数。除此之外，对于不同城市，CAS-REH 指数能够用来进行横向比较，以对不同城市房地产市场健康发展程度的不同提供量化意见，对房地产市场健康程度欠佳的地区或城市提供借鉴和参考作用。

其次，CAS-REH 指数还具备市场引导功能，其能够通过一定的标准，为市场发展和人们的思维意识指明方向。在当前中国房地产市场发展面临诸多问题和困难的背景下，CAS-REH 指数对市场将起到重要的指引作用。CAS-REH 指数在对房地产市场发展的评价过程中，摒弃了单一、粗放的评价方式，而是将市场及其内外部的协调性统一考虑，对房地产市场的协调和可持续发展提供重要参考。引导政府、企业和消费者从全面、合理的角度看待房地产市场发展，有助于决策者及时调整管理手段和调控措施，有助于房地产企业走上科学发展的轨迹，亦有助于消费者面对纷繁复杂的市场局面做出理性和正确的判断。

最后，CAS-REH 指数对未来市场具有预警作用。房地产市场出现的波动可能会对整体社会经济运行造成巨大危害，除对房地产市场进行监测和对市场进行引导外，CAS-REH 指数还力图为市场提供预警功能。通过对房地产市场健康状况的跟踪、监控，CAS-REH 指数反映房地产市场变化和整体健康水平，政府主管部门可以利用指数了解房地产业发展状况与行业结构以及行业与宏观经济的协调比例关系，为调控国民经济产业结构和引导房地产业健康发展服务，同时减少银行信贷风险，为调整房地产业的地区结构和统筹兼顾提供参考。

第二节 中科房地产区域指数

CAS-RERSD 指数因部分指标数据缺失，无法进行计算并得出最后结果。研究团队正在选取新的科学指标编制指数。

第三节 中科房地产场景指数

一、CAS-RES 指数指标体系

（一）评价指标的选取

根据科学性、系统性、综合性和可操作性原则，对科教、文化、卫生、交通与环境五个层面进行综合考虑构建场景指标体系；在此基础上，本着代表性的原则对每个层次选取子指标，着重抓住与评价对象关系密切的要素。

此外，CAS-RES 指数指标体系的选取必须注重各子指标的可靠性。不同部门发布的诸多相似、具有可替代的统计指标，其统计口径、统计频率等方面可能不尽相同。在选取指标时，尽可能挑选统计频率较为合适、统计方法和统计口径较为稳定的指标作为CAS-REH 指数的主要参考指标。

（二）指标简介

为了全面反映房地产区位属性，在 CAS-RES 指数指标体系下设置了五个一级指标，分别是科教、文化、卫生、交通、环境。每个一级指标下设若干二级指标。指标体系见表 3.3。

表 3.3　CAS-RES 指数指标体系

目标层	一级指标	二级指标	单位
CAS-RES 指数	科教	普通高等学校	所
		普通中学	所
		小学	所
		普通高等学校教师	人
		普通中学教师	人
		小学教师	人
	文化	剧场、影剧院数	个
		公共图书馆藏书	千册
	卫生	医院、卫生院数	个
		医院、卫生院床位数	张
		医生数	人
	交通	公共汽车数量	辆
		城市道路面积	万平方米
	环境	建成绿化覆盖率	%

二、CAS-RES 指数构建

围绕上文提出的 CAS-RES 指数指标体系，以 2011~2020 年的数据为样本，运用因子分析法确定 CAS-RES 指数体系各指标权重[①]，我们选取 60 个大中城市为样本，数据来源于中经网统计数据库，结果详见表 3.4。

表 3.4　CAS-RES 指数

城市	2011 年	2012 年	2013 年	2014 年	2015 年	2016 年	2017 年	2018 年	2019 年	2020 年
北京	104.65	106.34	109.24	111.71	118.51	126.62	121.59	123.04	125.65	123.90
上海	86.89	87.98	88.42	89.15	86.23	83.06	83.02	84.48	84.71	91.25
天津	57.34	58.47	58.42	59.18	57.84	55.57	52.10	53.42	51.55	62.87
重庆	88.29	92.84	95.99	98.66	98.70	97.34	99.26	99.34	105.64	110.48
安庆	11.94	12.03	12.08	11.99	11.41	11.26	12.63	13.18	19.42	19.06

---

① 详细方法参见：吴迪，高鹏，董纪昌. 基于场景理论的中国城市居住房地产需求研究[J]. 系统科学与数学，2011，31（3）：253-264.

续表

城市	2011年	2012年	2013年	2014年	2015年	2016年	2017年	2018年	2019年	2020年
蚌埠	13.08	13.20	12.75	13.11	12.52	11.85	11.87	12.30	10.42	10.82
包头	16.39	16.57	16.24	16.50	15.12	14.40	13.37	12.78	14.49	14.36
北海	7.92	8.12	8.02	8.38	8.03	8.47	9.68	10.59	13.88	14.36
常德	20.98	20.89	21.30	21.82	21.03	22.05	20.16	21.89	24.53	25.21
大连	29.03	30.53	30.15	31.95	31.42	31.94	29.19	28.65	29.37	36.86
丹东	15.80	17.88	17.62	17.29	16.64	15.50	15.54	15.11	17.49	15.69
福州	22.99	23.47	23.86	23.23	22.40	21.56	25.91	23.44	24.82	25.70
赣州	12.60	12.65	12.70	14.37	14.18	13.44	14.12	13.24	18.71	14.08
贵阳	18.53	18.72	19.04	19.39	19.55	19.13	18.34	17.76	19.17	19.48
桂林	16.57	16.56	17.09	17.04	16.58	16.12	16.34	16.74	19.30	19.74
哈尔滨	47.87	47.69	49.91	50.09	47.18	47.41	50.67	51.07	48.40	47.94
海口	17.24	17.36	16.13	18.27	18.25	17.08	17.47	17.92	19.96	20.26
杭州	33.37	34.77	35.11	37.43	37.33	36.74	40.17	39.81	43.22	47.37
合肥	23.22	23.98	23.86	24.45	23.83	22.48	21.56	22.71	24.67	25.57
呼和浩特	20.49	19.43	20.08	19.18	20.10	19.53	18.36	17.76	21.62	25.25
惠州	19.24	19.25	19.25	20.26	20.25	21.25	24.15	25.07	27.44	28.56
吉林	24.12	24.79	24.72	26.36	25.30	24.75	25.99	24.23	25.75	27.30
济南	27.59	28.31	28.67	29.52	28.96	31.78	28.14	28.65	31.17	31.63
济宁	15.34	16.10	17.58	17.80	17.43	16.36	16.50	17.66	22.86	24.71
锦州	17.91	15.98	15.32	16.83	15.99	15.13	17.43	18.06	17.94	17.31
昆明	30.82	31.63	32.27	32.50	31.86	31.94	30.31	28.57	27.88	28.89
兰州	19.32	20.74	22.10	20.70	19.66	18.69	18.42	19.87	22.34	23.99
泸州	13.55	13.79	13.80	13.76	13.23	12.70	11.97	12.82	13.07	14.32
洛阳	16.89	17.14	17.64	17.63	16.72	16.25	17.28	16.98	21.94	19.41
牡丹江	12.70	12.61	12.46	12.45	11.80	11.24	10.62	12.59	13.11	13.23
南昌	24.47	23.96	24.57	24.71	26.13	26.18	27.68	29.87	31.52	37.84
南充	14.47	15.76	16.51	15.95	15.19	15.05	14.59	16.05	23.54	27.00
南京	42.03	42.29	46.01	44.11	44.17	43.60	45.10	46.08	50.46	53.10
南宁	22.79	23.07	23.58	24.02	23.72	23.86	22.21	23.87	25.29	26.61
宁波	22.21	22.30	22.17	22.22	21.57	20.89	21.90	20.79	26.38	26.10
平顶山	13.94	13.76	13.70	13.54	12.84	12.08	13.88	13.36	23.55	23.02
秦皇岛	15.06	15.13	15.02	15.72	16.06	14.39	14.08	15.16	15.38	14.84

续表

城市	2011 年	2012 年	2013 年	2014 年	2015 年	2016 年	2017 年	2018 年	2019 年	2020 年
青岛	23.04	25.94	25.57	25.70	25.18	24.13	27.71	29.24	33.89	35.43
泉州	18.39	18.78	18.11	18.55	17.96	17.09	18.03	19.33	27.10	33.35
厦门	21.21	21.58	21.23	21.76	21.33	20.61	19.25	21.41	22.07	20.75
韶关	15.86	15.74	15.84	15.78	15.36	14.52	13.36	14.55	14.30	15.07
沈阳	47.28	49.62	50.37	50.67	48.42	47.64	47.43	50.92	56.55	61.76
太原	43.22	45.66	46.38	45.89	44.14	42.69	44.65	44.49	47.97	49.77
唐山	25.69	24.87	26.66	26.40	25.22	23.84	22.27	24.28	29.99	30.73
温州	21.53	22.35	22.65	23.32	22.49	21.47	20.09	19.48	17.57	20.91
乌鲁木齐	36.61	36.87	37.27	37.30	35.49	34.29	33.74	32.94	33.55	33.43
无锡	38.33	38.34	38.09	39.35	39.65	39.76	40.87	42.87	41.94	42.50
武汉	42.83	45.34	45.09	46.35	44.97	43.76	50.51	52.26	58.61	61.93
西安	44.32	45.60	46.22	47.06	46.19	45.44	47.11	49.66	49.77	52.72
西宁	15.37	15.36	14.40	14.18	13.68	13.11	13.24	13.60	14.69	18.00
徐州	19.80	20.07	20.53	20.68	19.93	19.38	18.72	18.66	22.33	23.87
烟台	29.99	30.82	30.62	31.49	30.87	29.30	32.22	34.11	38.62	42.31
扬州	16.18	16.14	16.04	15.64	14.89	14.12	13.62	14.34	18.27	24.18
宜昌	16.72	17.23	17.25	17.00	16.34	15.54	16.20	17.09	18.48	19.30
银川	20.62	20.90	21.61	21.20	21.33	20.31	19.18	19.84	20.68	20.89
岳阳	19.68	19.09	19.12	17.67	16.46	17.90	18.83	19.81	23.31	24.41
湛江	16.37	16.58	16.45	16.51	16.06	17.56	16.12	17.64	19.91	19.54
长春	31.13	32.53	32.26	32.70	33.79	31.92	29.97	33.70	37.11	37.24
长沙	32.10	32.16	33.06	33.96	33.59	33.34	33.75	35.64	35.66	38.46
郑州	30.11	31.16	32.21	33.42	32.14	34.23	36.40	35.77	39.73	46.18

为了进一步揭示场景与房价之间的匹配性，下文将商品房销售均价标准化数据与 CAS-RES 指数做商，以此反映城市房价的性价比。根据我们的研究假设，房价指标比场景指标，数值越大则性价比越低，数值越小则性价比越高。例如，2011~2020 年重庆市房价场景匹配性指数都不高于 0.5，则表明重庆市场景与房价之间的匹配性较高。结果见表 3.5。

表 3.5　房价场景匹配性指数

城市	2011 年	2012 年	2013 年	2014 年	2015 年	2016 年	2017 年	2018 年	2019 年	2020 年
北京	1.36	1.35	1.43	1.42	1.60	1.81	1.75	1.78	1.81	1.78

续表

城市	2011 年	2012 年	2013 年	2014 年	2015 年	2016 年	2017 年	2018 年	2019 年	2020 年
上海	1.01	0.95	1.00	1.00	1.08	1.09	1.09	1.09	1.11	1.20
天津	0.94	0.86	0.83	0.85	0.80	0.86	0.89	0.88	0.88	1.07
重庆	0.35	0.35	0.34	0.32	0.27	0.22	0.19	0.21	0.20	0.21
安庆	2.59	2.56	2.45	2.57	2.28	2.06	2.19	2.13	3.37	3.31
蚌埠	2.36	2.33	2.33	2.35	2.08	1.96	1.97	1.97	1.73	1.80
包头	1.54	1.59	1.57	1.54	1.43	1.27	1.21	1.24	1.31	1.30
北海	1.49	1.51	1.65	1.32	1.33	1.31	1.29	1.30	1.85	1.91
常德	0.77	0.84	0.78	0.83	0.84	0.85	0.86	0.86	1.05	1.08
大连	1.12	1.09	1.02	0.95	0.82	0.81	0.79	0.80	0.79	1.00
丹东	1.94	1.76	1.69	1.78	1.64	1.53	1.49	1.51	1.68	1.50
福州	2.09	2.23	2.11	2.16	1.82	1.62	1.63	1.63	1.56	1.62
赣州	2.17	2.40	2.38	2.11	1.81	1.67	1.79	1.73	2.37	1.78
贵阳	1.39	1.43	1.34	1.30	1.10	0.91	0.87	0.89	0.91	0.92
桂林	1.52	1.64	1.59	1.65	1.44	1.29	1.31	1.30	1.55	1.58
哈尔滨	0.55	0.55	0.56	0.56	0.52	0.44	0.57	0.51	0.54	0.54
海口	3.19	2.78	3.00	2.79	2.34	2.18	2.21	2.20	2.53	2.56
杭州	1.80	1.83	1.73	1.53	1.28	1.14	1.08	1.11	1.16	1.27
合肥	1.33	1.28	1.24	1.26	1.09	1.03	1.01	1.02	1.16	1.20
呼和浩特	1.23	1.36	1.27	1.32	1.08	0.94	0.97	0.96	1.14	1.33
惠州	1.34	1.32	1.25	1.21	1.05	0.98	0.95	0.97	1.08	1.12
吉林	1.18	1.09	1.07	1.12	1.03	0.86	0.83	0.85	0.82	0.87
济南	1.05	1.07	1.03	1.03	0.91	0.72	0.82	0.77	0.91	0.92
济宁	1.89	1.89	1.68	1.71	1.52	1.40	1.35	1.38	1.87	2.02
锦州	1.71	1.97	1.95	1.83	1.71	1.57	1.52	1.55	1.56	1.51
昆明	0.79	0.86	0.82	0.89	0.80	0.65	0.63	0.64	0.58	0.60
兰州	1.17	1.14	1.06	1.28	1.21	1.10	1.06	1.08	1.29	1.38
泸州	2.34	2.49	2.31	2.32	1.97	1.78	1.69	1.74	1.85	2.02
洛阳	1.40	1.47	1.42	1.45	1.34	1.22	1.16	1.19	1.47	1.30
牡丹江	2.07	2.10	2.23	2.27	2.09	1.87	1.77	1.82	2.18	2.20
南昌	1.12	1.26	1.23	1.23	0.98	0.86	0.79	0.83	0.90	1.08
南充	2.19	2.18	1.93	2.00	1.72	1.50	1.44	1.47	2.32	2.67
南京	0.98	0.98	0.85	0.89	0.77	0.77	0.76	0.77	0.85	0.89

续表

城市	2011 年	2012 年	2013 年	2014 年	2015 年	2016 年	2017 年	2018 年	2019 年	2020 年
南宁	1.10	1.18	1.15	1.17	1.01	0.87	0.84	0.86	0.96	1.01
宁波	2.70	2.86	2.74	2.58	2.22	2.00	1.97	1.99	2.37	2.35
平顶山	1.69	1.83	1.83	1.89	1.75	1.64	1.72	1.68	2.92	2.85
秦皇岛	1.75	1.90	1.91	1.88	1.70	1.74	1.76	1.75	1.92	1.86
青岛	1.26	1.17	1.15	1.19	1.05	0.95	0.89	0.92	1.09	1.14
泉州	2.62	2.79	2.78	2.70	2.27	2.04	2.01	2.03	3.02	3.72
厦门	2.27	2.43	2.37	2.30	1.91	1.69	1.63	1.66	1.87	1.76
韶关	3.08	3.14	3.19	3.16	2.91	2.87	2.79	2.83	2.99	3.15
沈阳	0.65	0.63	0.59	0.61	0.56	0.50	0.48	0.49	0.57	0.63
太原	0.54	0.56	0.57	0.60	0.53	0.47	0.42	0.45	0.45	0.47
唐山	1.03	1.16	1.08	1.12	1.08	1.05	1.01	1.03	1.36	1.39
温州	2.79	2.85	2.68	2.46	2.13	1.94	1.89	1.92	1.65	1.97
乌鲁木齐	0.65	0.69	0.68	0.72	0.64	0.54	0.48	0.51	0.48	0.48
无锡	1.30	1.31	1.25	1.18	1.09	1.08	1.10	1.09	1.13	1.14
武汉	0.68	0.71	0.68	0.68	0.62	0.60	0.65	0.63	0.75	0.80
西安	0.72	0.72	0.66	0.63	0.56	0.48	0.59	0.54	0.62	0.66
西宁	1.44	1.72	1.72	2.06	1.84	1.63	1.59	1.61	1.76	2.16
徐州	2.08	2.07	1.91	1.89	1.72	1.73	1.74	1.74	2.08	2.22
烟台	0.97	0.99	0.96	0.97	0.86	0.78	0.74	0.76	0.89	0.97
扬州	2.54	2.57	2.44	2.50	2.30	2.37	2.26	2.32	3.03	4.01
宜昌	1.75	1.86	1.77	1.85	1.70	1.68	1.59	1.64	1.81	1.89
银川	1.21	1.23	1.17	1.15	1.01	0.85	0.79	0.82	0.85	0.86
岳阳	1.28	1.38	1.32	1.41	1.28	1.04	0.98	1.01	1.21	1.27
湛江	2.98	2.98	3.07	3.02	2.78	2.37	2.56	2.47	3.16	3.10
长春	0.92	0.83	0.82	0.90	0.77	0.66	0.62	0.64	0.77	0.77
长沙	0.79	0.82	0.76	0.73	0.63	0.56	0.69	0.63	0.73	0.79
郑州	0.78	0.81	0.78	0.76	0.70	0.58	0.52	0.55	0.57	0.66

三、CAS-RES 指数的解读及功能

（一）CAS-RES 指数解读

从场景指数来看，与 2011 年相比，大多数城市的场景指数值在 2020 年都有所增

加。与 2019 年相比，在 2020 年近八成城市场景指数有所上升；但是赣州、洛阳、丹东、北京、厦门、锦州、秦皇岛、平顶山等城市的场景指数却有所下降，其中赣州下降幅度最大，达到了 24.7%。说明虽然全国范围内大多数城市发展水平不断提高，但是部分城市发展水平仍有提升的余地。其中，2011~2020 年北京的城市场景指数均超过 100，2013~2018 年重庆市的场景指数均接近 100 且于 2019 年超过 100，并在 2020 年持续增长，表明上述两个城市在科教、文化、卫生、交通、环境方面发展水平较高。该指数通常与地区经济发展水平密切相关，不同经济发展水平的城市之间 CAS-RES 指数差异较大。从房价场景匹配性指数来看，2011~2020 年，一线或新一线城市中，重庆、西安、长沙、武汉、南京的房价场景匹配性指数小于 1；二线城市中，哈尔滨、沈阳、太原、长春、郑州等城市房价场景匹配性指数小于 1，房屋性价比值较高。此外，大连、吉林、济南、贵阳、银川等城市的房价场景匹配性指数整体呈现下降态势，近几年一直保持不大于 1 的状态，说明房屋性价比有所提高。其中重庆的房价场景匹配性指数一直小于 0.5，表明重庆的居住场景性价比较高。一方面，由于重庆基础设施及场景建设处于全国较高水平；另一方面，重庆商品房销售均价相对便宜。

一线城市内部，北京的房价场景匹配性指数均低于 2，在 2011~2019 年波动上升，2020 年稍有回落，可能原因有二：一方面，北京的基础设施建设水平在全国数一数二，随着经济的发展，北京的城市建设水平不断增强，场景完善程度也遥遥领先于其他城市；另一方面，由于北京市政府调控力度加严不放松，"去学区化"政策也卓有成效，因此房价略微回落，但仍处于相对全国较高的水平。因此场景指数显示北京的城市住宅性价比尚处于合理范围之内。

根据房价场景匹配性指数结果，发现温州的指数从 2011 年的 2.79 下降到 2020 年的 1.97，总共下降 0.82，下降幅度最为明显，主要原因在于，温州市科教、文化、卫生、交通四方面的水平有了显著的提高，尤其是卫生和科教两方面得到显著改善，同时温州市近五年的商品房平均销售价格的增长速度减缓，使得温州市房价场景匹配性指数下降较为明显，房屋性价比提高。同时根据房价场景匹配性指数结果，发现哈尔滨、岳阳的指数下降幅度最小，分别从 2011 年的 0.55、1.28 下降到 2020 年的 0.54、1.27，总共只下降了 0.01。哈尔滨的主要原因在于近几年商品房平均销售价格的增长速度较快，岳阳则是由于近几年科教、交通等方面发展与其他城市相比稍慢。

在大中城市中，厦门、海口、杭州、昆明、无锡等城市的房价场景匹配性指数也下降较为明显，主要原因在于，近年来各地加大科教文化以及环境保护投入并注重完善城市基础设施建设，教育、环境、交通等方面水平提升较快。

另外，根据房价场景匹配性指数结果，发现在 60 个大中城市中，泉州、扬州、安庆等城市房价场景匹配性指数较高，场景与房价之间的匹配性较低。

（二）CAS-RES 指数的功能

CAS-RES 指数能够反映房地产的区位属性，指导房地产行业可持续发展。场景因素在我国城市居民居住区位选择及分布中具有重要的影响作用。尤其在截面意义上，场景水平与房地产发展水平显著相关，场景指数较高的地区，房价水平普遍较高；反之较低。我国房地产行业所采用的粗放型发展方式已经不可持续，必须改变现有的经营和发展模式，将发展和经营的重点由原来的规模化转向精细化，在绿色、低碳、人文领域实现新的增长和突破。该指数反映了房地产产品的根本属性——区位性，可以为房地产行业的精细化经营服务提供借鉴和参照。此外，该指数也在某种程度上体现了区域房地产价格的发展潜力。场景的丰富和完善必将带来房地产及其相关行业的不断发展，而房地产的发展又进一步带来周围场景投资的阶跃式增长，从而推动房地产的进一步发展。

第四节　中科房地产金融状况指数

一、CAS-REF 指数简介

CAS-REF 指数是由中国科学院大学中国产业研究中心于 2013 年首度推出的，是反映我国整体房地产金融体系运行状况的综合指数。CAS-REF 指数以 2001 年 2 月为基期（2001M2=100），通过观察其变动趋势或与其他相关指标结合分析，可以评判和预测我国整体房地产金融体系的运行状况，甚至在一定程度上可以反映我国潜在的房地产金融风险。

在我国，房地产业是一个高投入、高收益和高风险的资本密集型产业，对金融资本的依赖度很高。目前我国的房地产金融市场仍处于初级阶段，尚未形成一个健全的、多层次的市场体系。我国房地产金融体系以一级市场为主，二级市场尚未真正建立起来。其中，一级市场又以商业银行为主，相关数据和调查均显示，房产在银行的总贷款额占比很高。因此，我国房地产金融市场尤其是商业银行业蕴含很大的房地产金融风险。但与此同时，我国房地产金融市场又肩负"为房地产开发经营提供资金保障"和"支持居民住房消费能力的提高"两大主要使命。

目前，国内学者和相关机构尚未建立关于专门针对我国房地产金融市场运行状况的指数。已有的相关指数，如金融状况指数，也不足以充分反映我国房地产金融市场的运行状况。鉴于此，中国科学院大学中国产业研究中心建立 CAS-REF 指数，旨在达到两方面的目的：一是考量其能否较好地为房地产开发经营提供资金保障和支持居民住房消费能力的提高；二是监测我国潜在的房地产金融风险。

二、CAS-REF 指数的指标体系与评价方法

（一）评价指标的选取原则

科学合理地选取评估我国房地产金融状况的指标是构建 CAS-REF 指数的基本前提，由于反映房地产金融状况的指标不易界定，因此在构建 CAS-REF 指数的指标体系

时按照以下五项基本原则来挑选指标。

第一，全面性。对房地产金融状况的评估应该涵盖房地产金融的主要方面，CAS-REF 指数既要监测我国房地产金融风险，又要考量其能否较好地为房地产开发经营提供资金保障和支持居民住房消费能力的提高。因此，对房地产金融状况每一个主要方面的变动都应采用一个或者多个指标进行评估，而且这种评估要能较好地度量变动或影响的程度。

第二，简洁性。一般而言，选取指标的数量越多越能全面反映房地产金融的状况，但是指标太多也容易造成指标的重复，而且并非所有的指标都能达到预期的度量目的，因此在选取指标时要考虑指标的实用性。只有选定的指标体系为完备集中的最小集合，才能避免重复，达到识别的目的。

第三，可操作性。可操作性一是指所选择的指标必须是可量化的，而且可以通过某些方式取得相应的数据；二是指各个指标数据的长度和频度必须保持一致，对于频度不一致的指标数据，应可以通过一定的工具和手段进行调整，最终确保所有指标数据具有相同的时间长度和频度。

第四，可比性。为了便于与其他指标或历史数据进行横向或纵向对比，CAS-REF 指数评价指标应保证指标的名称和体系结构等方面尽量与现行制度统一，对计算口径和产生历史波动的数据进行相应调整，以确保数据的连续和相对稳定。此外，对其中的异常点也要进行调整，这样的指标体系才具有实际意义。

第五，预警性。CAS-REF 指数的重要功能就是它的预警功能，这就要求在建立指标体系时应尽量选取具有先行性的指标，或者所选指标能从根本上反映我国房地产金融体系所面临的潜在风险，或者所选指标能预示我国房地产金融体系在多大程度上为房地产开发经营提供资金保障和支持居民住房消费能力提高。

（二）CAS-REF 指数的指标体系

基于以上五项指标选取原则，着眼于我国房地产金融体系进行指标选取，共选取了七个指标。具体指标及相应的指标解释如表 3.6 所示。

表 3.6　CAS-REF 指数指标体系

序号	指标	指标解释
1	商品房销售均价	房价的变动与房地产金融风险密切相关，我们选用商品房销售均价（商品房销售额/商品房销售面积）作为衡量房地产金融风险的指标之一
2	上证房地产指数	上证房地产指数是衡量房地产金融状况的指标之一（月数据由日数据加权平均所得）
3	房地产开发国内贷款	衡量房地产金融状况的指标之一（房地产开发资金来源：国内贷款）
4	房地产开发自筹资金	间接衡量房地产金融状况（房地产开发资金来源：自筹资金）
5	银行间同业拆借加权平均利率	同业拆借市场能够迅速反映货币市场的资金供求状况，银行间同业拆借加权平均利率可以作为金融市场利率的代理变量
6	人民币实际有效汇率指数	真正体现一国汇率水平并对宏观经济产生实际影响的应当是实际汇率而不是名义汇率，我们采用人民币实际有效汇率指数（上年=100）作为汇率的代理指标
7	居民消费价格指数	选用消费者价格指数（上年=100）作为衡量通货膨胀率指标

（三）CAS-REF 指数的评价方法

1. 向量自回归模型

向量自回归（vector auto regression，VAR）模型是一种常用的计量经济模型，由克里斯托弗·西姆斯（Christopher Sims）于 1980 年提出。VAR 模型基于数据的统计性质建立模型，把系统中每一个内生变量作为系统中所有内生变量的滞后值的函数来构造模型，从而将单变量自回归模型推广到由多元时间序列变量组成的"向量"自回归模型。VAR 模型是处理多个相关经济指标的分析与预测最容易操作的模型之一，并且在一定的条件下，多元 MA（moving average，滑动平均）模型和 ARMA（auto-regressive and moving average，自回归滑动平均）模型也可转化成 VAR 模型，因此近年来 VAR 模型受到越来越多的经济工作者的重视。

VAR(p) 模型的数学表达式为

$$y_t = A_1 y_{t-1} + \cdots + A_p y_{t-p} + BX_t + \varepsilon_t$$

式中，y_t 为 k 维内生变量向量；X_t 为 d 维外生变量向量；p 为滞后阶数；样本个数为 t。$k \times k$ 维矩阵 $A_1, \cdots, A_p$ 和 $k \times d$ 维矩阵 B 为要被估计的系数矩阵。ε_t 为 k 维扰动向量，它们相互之间可以同期相关，但不与自己的滞后值相关，并不与等式右边的变量相关，假设 $\sum$ 是 ε_t 的协方差矩阵，是一个 $k \times k$ 的正定矩阵。

2. 广义脉冲响应函数

VAR 模型的动态分析一般采用"正交"脉冲响应函数来实现，而正交化通常采用 Cholesky 分解完成，但是 Cholesky 分解的结果严格地依赖于模型中变量的次序。Koop 等提出的广义脉冲响应函数正好克服了上述缺点[①]。

运用广义脉冲响应函数后，设响应指标 Z_0 对冲击指标 Z_i 在第 t 期的响应为 λ_{it}，则响应指标 Z_0 对冲击指标 Z_i 在 t 期内的加权响应为

$$\lambda_i = \sum_{t=1}^{T} \frac{1}{t} \lambda_{it}, \quad i = 1, 2, \cdots, n$$

则表 3.6 的指标体系内每个指标的权重为

$$w_i = \frac{\lambda_i}{\sum_{i}^{n} |\lambda_i|}, \quad i = 1, 2, \cdots, n$$

计算综合评价函数为

$$F_t = \sum_{i}^{m} w_i y_{it}, \quad i = 1, 2, \cdots, n$$

选取样本内第一期的值为基准，设基期的综合评价得分为 F_0，报告期内其他期的综合评价得分为 F_t，设定基期的值为 100，则报告期内其他期的值为

---

① Koop G, Pesaran M H, Potter S M. Impulse response analysis in nonlinear multivariate models[J]. Journal of Econometrics, 1996, 74（1）: 119-147.

$$F'_t = \frac{F_t}{F_0} \times 100, \quad i = 1, 2, \cdots, t$$

（四）CAS-REF 指数的构建

选取表 3.6 内指标在 2001 年 1 月至 2022 年 10 月的数据为样本，数据均来自 Wind 数据库。通过对数据进行插值、季节性调整、剔除通货膨胀影响和平稳性处理后，将处理后的数据按照前文的评价方法进行评价，得到的结果如表 3.7 所示。

表 3.7　中科房地产金融状况（CAS-REF）指数结果

时间	CAS-REF 指数	时间	CAS-REF 指数	时间	CAS-REF 指数	时间	CAS-REF 指数	时间	CAS-REF 指数
2001-01	100.00	2003-02	159.86	2005-03	103.08	2007-04	135.88	2009-05	168.43
2001-02	188.84	2003-03	138.59	2005-04	110.20	2007-05	126.33	2009-06	211.19
2001-03	38.17	2003-04	127.94	2005-05	83.18	2007-06	149.42	2009-07	170.43
2001-04	92.85	2003-05	82.79	2005-06	134.04	2007-07	134.70	2009-08	143.44
2001-05	137.52	2003-06	103.83	2005-07	117.35	2007-08	191.35	2009-09	111.71
2001-06	70.76	2003-07	89.53	2005-08	287.64	2007-09	158.18	2009-10	168.82
2001-07	89.20	2003-08	104.52	2005-09	123.39	2007-10	136.80	2009-11	152.55
2001-08	81.65	2003-09	118.77	2005-10	148.08	2007-11	118.87	2009-12	153.91
2001-09	57.47	2003-10	120.42	2005-11	141.19	2007-12	114.40	2010-01	143.12
2001-10	106.26	2003-11	101.84	2005-12	88.69	2008-01	−10.95	2010-02	347.42
2001-11	114.11	2003-12	103.43	2006-01	92.93	2008-02	67.40	2010-03	−123.73
2001-12	165.64	2004-01	124.16	2006-02	89.26	2008-03	50.89	2010-04	215.35
2002-01	61.67	2004-02	62.11	2006-03	99.29	2008-04	92.07	2010-05	12.09
2002-02	83.70	2004-03	201.15	2006-04	155.12	2008-05	126.17	2010-06	26.54
2002-03	119.89	2004-04	118.08	2006-05	149.54	2008-06	125.63	2010-07	84.82
2002-04	93.82	2004-05	162.18	2006-06	134.50	2008-07	114.52	2010-08	142.76
2002-05	89.63	2004-06	107.18	2006-07	94.33	2008-08	75.17	2010-09	179.61
2002-06	124.99	2004-07	118.21	2006-08	99.92	2008-09	82.18	2010-10	202.90
2002-07	118.53	2004-08	119.18	2006-09	105.06	2008-10	98.72	2010-11	109.48
2002-08	113.68	2004-09	112.41	2006-10	115.59	2008-11	116.08	2010-12	104.38
2002-09	116.43	2004-10	98.51	2006-11	157.75	2008-12	149.03	2011-01	284.83
2002-10	109.84	2004-11	115.00	2006-12	136.55	2009-01	191.62	2011-02	490.79
2002-11	100.86	2004-12	148.56	2007-01	203.05	2009-02	267.59	2011-03	−186.08
2002-12	114.30	2005-01	129.79	2007-02	292.65	2009-03	138.72	2011-04	48.85
2003-01	22.35	2005-02	140.98	2007-03	−18.01	2009-04	173.65	2011-05	101.96

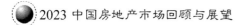

续表

时间	CAS-REF指数	时间	CAS-REF指数	时间	CAS-REF指数	时间	CAS-REF指数	时间	CAS-REF指数
2011-06	102.91	2013-11	231.89	2016-04	128.18	2018-09	143.38	2021-02	259.52
2011-07	125.34	2013-12	−15.22	2016-05	95.78	2018-10	121.51	2021-03	113.04
2011-08	110.02	2014-01	87.09	2016-06	161.49	2018-11	166.90	2021-04	73.74
2011-09	110.49	2014-02	54.08	2016-07	146.83	2018-12	149.25	2021-05	85.06
2011-10	96.01	2014-03	26.61	2016-08	136.20	2019-01	69.99	2021-06	−0.34
2011-11	129.71	2014-04	198.11	2016-09	132.12	2019-02	−16.42	2021-07	66.72
2011-12	102.15	2014-05	85.29	2016-10	124.39	2019-03	340.53	2021-08	38.77
2012-01	17.29	2014-06	174.46	2016-11	105.30	2019-04	250.66	2021-09	75.39
2012-02	142.47	2014-07	137.24	2016-12	20.89	2019-05	107.21	2021-10	95.51
2012-03	63.10	2014-08	97.83	2017-01	−110.52	2019-06	149.57	2021-11	131.87
2012-04	152.30	2014-09	116.10	2017-02	535.89	2019-07	116.63	2021-12	48.53
2012-05	242.10	2014-10	145.04	2017-03	64.02	2019-08	149.75	2022-01	−222.04
2012-06	153.76	2014-11	86.76	2017-04	88.68	2019-09	121.67	2022-02	−267.50
2012-07	161.77	2014-12	157.27	2017-05	159.53	2019-10	114.13	2022-03	154.49
2012-08	179.30	2015-01	75.08	2017-06	102.06	2019-11	135.33	2022-04	41.46
2012-09	80.27	2015-02	−116.48	2017-07	128.64	2019-12	149.98	2022-05	87.27
2012-10	127.39	2015-03	372.63	2017-08	145.90	2020-01	77.30	2022-06	138.23
2012-11	151.08	2015-04	192.80	2017-09	153.45	2020-02	−33.24	2022-07	151.89
2012-12	82.39	2015-05	229.87	2017-10	119.43	2020-03	43.51	2022-08	170.61
2013-01	332.75	2015-06	105.66	2017-11	165.55	2020-04	170.45	2022-09	125.36
2013-02	410.27	2015-07	116.48	2017-12	75.08	2020-05	205.20	2022-10	141.97
2013-03	−71.82	2015-08	94.60	2018-01	137.79	2020-06	231.20		
2013-04	153.35	2015-09	140.50	2018-02	102.42	2020-07	199.10		
2013-05	75.67	2015-10	144.57	2018-03	287.17	2020-08	188.16		
2013-06	111.69	2015-11	112.00	2018-04	103.13	2020-09	199.35		
2013-07	85.33	2015-12	259.09	2018-05	194.28	2020-10	112.43		
2013-08	125.70	2016-01	176.25	2018-06	149.48	2020-11	155.72		
2013-09	129.13	2016-02	215.91	2018-07	134.86	2020-12	151.42		
2013-10	75.01	2016-03	104.80	2018-08	150.01	2021-01	342.87		

三、CAS-REF 指数的解读及功能

（一）CAS-REF 指数解读

从图 3.2 CAS-REF 指数趋势图来看，我国房地产金融状况可以大致分成四个阶段，第一阶段为 2008 年以前，第二阶段为 2008~2014 年，第三阶段为 2015~2019 年，第四阶段为 2020 年至今。

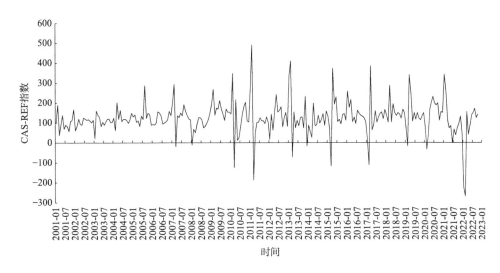

图 3.2 CAS-REF 指数趋势图

2001~2008 年，整个房地产金融状况较为平稳，指数波动幅度很小，说明此阶段我国的房地产金融状况良好，房地产市场运行正常。2008 年起房地产 CAS-REF 指数呈现出一定的波动状态，究其原因，主要是我国遭受由美国次贷危机引发的全球金融危机影响，房价大幅下跌，房地产企业面临前所未有的困境，购房者也因房价下跌而出现了还款违约行为，此时的房地产金融状况在不断恶化。之后在政府的经济刺激下，房地产金融状况也出现了转好的迹象。2015~2019 年，房地产 CAS-REF 指数又呈现出波动状态，但波动幅度比上一阶段的幅度要小。究其原因，主要是"三去一降一补"（去产能、去库存、去杠杆、降成本、补短板）五大重点任务明确奠定了未来几年经济金融的重点工作，我国最大的高库存行业就是房地产，高库存意味着房地产企业流动性资产不足，流动性杠杆过高，本质上是高杠杆的一体两面。去库存、去杠杆的推动有利于防范化解房地产领域金融风险。这一阶段为抑制房地产企业的粗放式扩张，房地产融资渠道全面收紧，房地产企业融资压力增加。2020~2022 年是偿债高峰期，房企可能存在资金流断裂的风险，加之受疫情冲击，由此导致 2020 年房地产 CAS-REF 指数呈现出剧烈波动状态，随后在疫情防控的有力实施下呈回温趋势。2021 年以来，新冠疫情反复，对经济的影响已经转变为一场持久战，导致不少经济主体开始面临资产负债表受损问题（特指经济中有相当部分的经济主体资产方增长明显减速或出现下滑，资产增长速度赶不上负债增长速度，甚至已经出现资不抵债的情况）。一方面，"三道红线"政策管控

下融资成本持续上升，房企对新开工计划和进度持审慎态度；另一方面，房企再融资压力加大，进一步加速行业风险的积聚，近年市场上已出现部分由房企引起的商业信用风险及银行信贷风险。房企融资环境收紧将导致信用风险事件增加，市场避险情绪升温。房地产调控继续从严，房地产金融收紧趋势未变，多地强化对房地产市场的管控。2022年上半年，受多地疫情反复等超预期因素影响，加之宏观经济下行、前期调控政策对市场传导的滞后作用，全国房地产市场经历了重大挑战，商品房销售规模大幅下降，房地产开发投资累计同比首次负增长。中央多次释放维稳信号，表态要求各地落实"三稳"目标，将"保交房"作为重点工作之一，设立地产纾困基金，通过资产处置、资源整合和重组等方式帮助困难房企纾困与问题楼盘盘活。2022年2月，住房和城乡建设部表示将从保持房地产市场平稳运行、推进住房供给侧结构性改革等方面着力，加强市场监测监管，持续整治和规范房地产市场秩序，保障刚性住房需求、满足合理的改善性住房需求，推动扩内需、稳增长，因城施策促进房地产业良性循环和健康发展。多地设立地产纾困基金，如浙江、河南、湖北、陕西等，一些城市发布加快保障性住房实施方案，放松限购限售政策，发布降低首付比例、降低房贷利率、发放购房补贴等利好政策，如郑州、合肥、青岛、南京、长沙等，如图3.3所示。

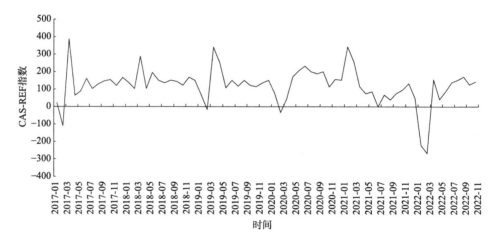

图 3.3　2017~2022 年 CAS-REF 指数趋势图

CAS-REF 指数对我国潜在的房地产金融风险也有一定的监测作用。CAS-REF 指数以月度数据为样本数据，其对我国房地产金融状况的变化较为敏感。以 CAS-REF 指数历史期的标准差来衡量我国房地产金融市场面临的潜在风险。从图 3.4 可以看出，我国潜在的房地产金融风险呈现上升趋势。2010 年之前我国房地产金融风险状况较为稳定，风险水平基本维持在 50 以下。2010 年开始，我国潜在的房地产金融风险呈持续上升趋势。近年来，房地产市场调控持续深化，中央多次强调三稳目标和"房住不炒"定位，加快发展租赁住房并落实用地、税收等支持工作。

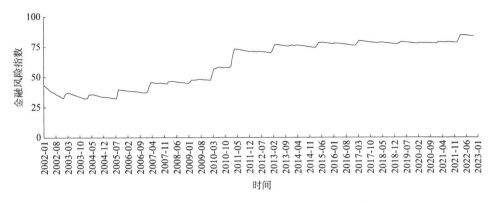

图 3.4　2002~2022年我国潜在房地产金融风险趋势图

从图 3.5可以看出，以2017年为节点，我国潜在的房地产金融风险呈现上升趋势。2022年以来金融风险大幅上升，亟须在坚持"房住不炒"、全面落实"三稳"长效机制的基础上，适度加大对房地产行业的金融支持，如支持银行业金融机构发行金融债券，募集资金用于保障性租赁住房贷款投放，促进房地产市场平稳健康发展。

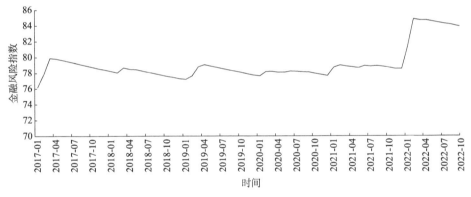

图 3.5　2017~2022年我国潜在房地产金融风险趋势图

（二）CAS-REF 指数的功能

从前文构建CAS-REF指数的过程及解读来看，CAS-REF指数有利于对我国房地产金融体系的整体运行状况进行科学、客观的评估。其主要具有三方面的功能：一是评估我国房地产金融体系运行状况；二是预测我国房地产金融市场走势；三是监测我国潜在的房地产金融风险。

1. 评估我国房地产金融体系运行状况

2001年我国房地产金融市场相对稳定，CAS-REF指数以2001年2月为基期（2001M2=100），通过比较报告期与基期数值的差距可以评估我国房地产金融体系在报告期内的运行状况。同时，通过观察报告期内CAS-REF指数的变化也有助于加强各界人士对我国房地产金融市场变化趋势的认识，政府亦可以通过该指数来评估房地产相关调控政策的实施效果，探析当前我国房地产金融市场面临的问题，并以此作为依据来颁布或调整相应房地产金融调控政策。

2. 预测我国房地产金融市场走势

CAS-REF 指数具有先行性，通过观察其走势，可以预测未来我国房地产金融体系的运行趋势。对于房地产开发商和购房者而言，准确预测我国房地产金融市场的运行趋势，有助于其较好地调整自己的经营策略和消费方式。也可以为房地产开发商和购房者选择更合适的经营策略和消费方式提供参考，从而最终间接促进我国房地产市场的发展。

3. 监测我国潜在的房地产金融风险

CAS-REF 指数以月度数据为样本数据，其对我国房地产金融状况的变化较为敏感。中国科学院大学中国产业研究中心采用 CAS-REF 指数历史期的标准差来衡量我国房地产金融市场面临的潜在风险。通过前文的分析，可以看出 CAS-REF 指数对我国潜在的房地产金融风险确实具有监测作用，通过观察 CAS-REF 指数历史期的标准差（反映我国潜在的房地产金融风险）趋势图，可以评估我国房地产金融风险变化的趋势及变化的程度。此外，结合 CAS-REF 指数历史期的标准差的趋势图，也可以在一定程度上对我国宏观调控政策的效果进行评估。

第四章　重点城市房地产市场运行情况

第一节　北京市 2022 年 1~10 月房地产市场分析

一、北京市经济形势概况

2022 年以来，面对全球经济剧烈波动、国内经济发展"三重压力"，以及北京市上年同期高基数影响，全市坚持以习近平新时代中国特色社会主义思想为指导，持续高效统筹疫情防控和经济社会发展，推动稳经济一揽子政策措施和接续政策落地显效，总体经济保持恢复向好态势，生产需求逐步回升，就业物价基本稳定，居民收入稳步增加。

根据地区生产总值统一核算结果，前三季度全市实现地区生产总值 29 926.3 亿元，按不变价格计算，同比增长 0.8%，比上半年回升 0.1 个百分点。分季度看，在第二季度出现下降后，第三季度止跌回升。分产业看，第一产业实现增加值 74.3 亿元，增长 1.4%；第二产业实现增加值 4 624.7 亿元，下降 12.0%；第三产业实现增加值 25 227.3 亿元，增长 3.5%。

北京市经济运行主要呈现以下特点。

1. 农业生产保持增长，休闲农业和乡村旅游逐步恢复

前三季度，全市实现农林牧渔业总产值 175.8 亿元，按可比价格计算，同比增长 0.9%。其中，林业产值在新一轮百万亩造林绿化工程带动下，增长 16.1%；持续推进稳产保供工作，夏粮产量 9.6 万吨，增长 39.5%，蔬菜及食用菌产量 114.5 万吨，增长 9.9%；生猪累计出栏 26.7 万头、存栏 35.0 万头，分别增长 21.1%和 2.4%。休闲农业和乡村旅游实现收入 23.5 亿元，下降 2.2%，降幅比上半年收窄 5.0 个百分点，其中第三季度实现收入由第二季度下降 24.5%转为增长 5.5%。

2. 工业生产受高基数影响仍呈降势，高端领域较快增长

前三季度，全市规模以上工业增加值按可比价格计算，同比下降 17.5%（如剔除新冠疫苗生产因素，同比增长 3.8%）；其中第三季度下降 21.9%，比第二季度收窄 10.2 个百分点。支柱行业中，电力、热力生产和供应业增长 8.3%，计算机、通信和其他电子设备制造业增长 7.3%，汽车制造业下降 4.9%，医药制造业下降 57.9%。部分高端领域产品生产保持较快增长，新能源汽车、风力发电机组产量分别增长 1.9 倍和 83.5%。

3. 服务业总体稳定，现代服务业增势较好

前三季度，全市第三产业增加值按不变价格计算，同比增长 3.5%。其中，信息传输、软件和信息技术服务业实现增加值 5 463.0 亿元，增长 8.6%；金融业实现增加值 5 876.8 亿元，增长 6.0%；科学研究和技术服务业实现增加值 2 474.6 亿元，增长 2.6%。三个行业占服务业增加值的比重为 54.8%，同比提高 1.3 个百分点。受疫情影响较大的住宿和餐饮业、交通运输仓储和邮政业、租赁和商务服务业、文化体育和娱乐业等行业仍呈降势，降幅均较上半年有不同程度收窄。

4. 投资增长加快，高技术产业投资保持活跃

前三季度，全市固定资产投资（不含农户）同比增长 7.0%，增速比上半年提高 1.5 个百分点。其中，基础设施投资增长 7.2%，房地产开发投资增长 4.4%。分产业看，第一产业投资增长 23.3%；第二产业投资增长 35.0%，其中制造业投资增长 32.0%；第三产业投资增长 4.2%。高技术产业投资保持快速增长，其中高技术制造业投资在集成电路等项目带动下增长 49.3%，高技术服务业投资在信息传输、软件和信息技术服务业投资带动下增长 48.2%。社会领域投资中，教育投资增长 46.2%，卫生和社会领域投资增长 37.5%。

截至 9 月末，全市商品房施工面积 12 823.5 万平方米，同比下降 5.1%，其中住宅施工面积 6 390.6 万平方米，下降 3.0%。前三季度，全市商品房销售面积 737.8 万平方米，同比下降 5.1%，降幅比上半年收窄 3.6 个百分点。

5. 消费逐步恢复，社会消费品零售总额当季增速转正

前三季度，全市市场总消费额同比下降 3.0%，降幅比上半年收窄 1.6 个百分点。其中，服务性消费额下降 1.7%，降幅收窄 0.7 个百分点；实现社会消费品零售总额 10 219.5 亿元，下降 4.5%，降幅收窄 2.7 个百分点，其中第三季度增长 1.1%。社会消费品零售总额中，分消费形态看，商品零售 9 467.1 亿元，下降 3.9%，餐饮收入 752.4 亿元，下降 11.6%，降幅比上半年分别收窄 2.5 个和 4.8 个百分点。分商品类别看，限额以上批发和零售业中，与基本生活消费相关的粮油食品类、饮料类商品零售额分别增长 5.4% 和 8.5%；与升级类消费相关的金银珠宝类、文化办公用品类商品零售额分别增长 16.6% 和 4.4%，汽车类商品零售额下降 13.1%，比上半年收窄 9.9 个百分点，其中新能源汽车增长 11.4%。限额以上批发和零售业、住宿和餐饮业实现网上零售额 3 878.5 亿元，增长 5.9%，增速比上半年提高 1.7 个百分点。

6. 居民消费价格温和上涨，工业生产者价格涨幅回落

前三季度，全市居民消费价格同比上涨 1.9%。其中，消费品价格上涨 3.0%，服务价格上涨 0.7%。八大类商品和服务项目中，交通通信类价格上涨 6.0%，食品烟酒类价格上涨 3.2%，生活用品及服务类价格上涨 1.2%，其他用品及服务类价格上涨 1.1%，医疗保健类价格上涨 0.8%，教育文化娱乐类价格上涨 0.7%，居住类价格上涨 0.6%，衣着类价格上涨 0.7%。9 月，居民消费价格同比上涨 2.1%，环比上涨 0.1%。

前三季度，全市工业生产者出厂价格同比上涨 2.7%，购进价格同比上涨 7.2%。9

月，工业生产者出厂价格同比上涨 2.2%，环比下降 0.2%；购进价格同比上涨 4.7%，环比下降 0.7%。

7. 就业形势总体稳定，居民收入稳步增加

前三季度，全市城镇调查失业率均值为 4.7%；9 月，全市城镇调查失业率为 4.4%，环比回落 0.3 个百分点。

前三季度，全市居民人均可支配收入 58 597 元，同比增长 3.7%，比上半年提高 0.4 个百分点。其中，工资性收入增长 5.3%，财产净收入增长 1.8%，转移净收入增长 1.1%，经营净收入下降 4.1%。城镇居民人均可支配收入 63 441 元，同比增长 3.6%。

总的来看，全市坚决贯彻"疫情要防住、经济要稳住、发展要安全"要求，积极应对内外部环境超预期变化等影响，总体经济呈现恢复向好态势。但也要看到，国际环境更趋复杂严峻，国内经济恢复基础还不牢固，北京经济恢复动力还需要进一步增强。下阶段，要坚持以习近平新时代中国特色社会主义思想为指导，深入学习贯彻落实党的二十大精神，坚持稳字当头、稳中求进，抓实稳经济一揽子政策措施和接续政策全面落地见效，进一步释放内生动力和活力，努力实现经济社会发展最好结果。

二、北京市房地产市场概况

1. 房地产开发投资情况

2022 年 1~10 月，北京房地产开发企业到位资金 4 276 亿元，同比下降 9.1%。其中，定金及预收款为 2 126.4 亿元，下降 17.3%；国内贷款为 790.1 亿元，同比增长 5.7%；自筹资金为 793.7 亿元，下降 10.6%，如图 4.1 所示。

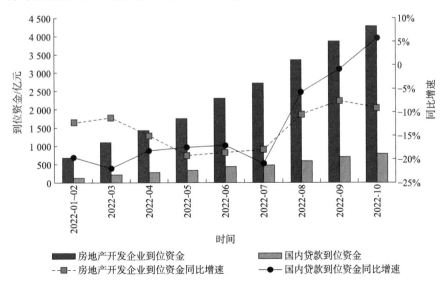

图 4.1 北京市 2022 年 1~10 月房地产开发企业到位资金及同比增速

资料来源：北京市统计局

2. 房地产开发建设情况

2022 年 1~10 月，北京市商品房累计施工面积达 12 849.7 万平方米，同比下降 5.7%，且各月均与上年同期相比有所下降。其中住宅累计施工面积达到 6 404.7 万平方米，同比下降 3.7%，如图 4.2 所示。

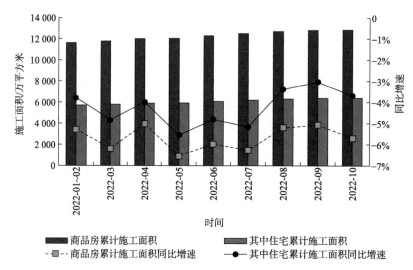

图 4.2　北京市 2022 年 1~10 月商品房累计施工面积及同比增速

资料来源：北京市统计局

从商品房竣工情况来看，商品房累计竣工面积截至 2022 年 10 月达到 946.2 万平方米，于 9 月、10 月分别实现同比增长 10.0%与 9.1%。其中住宅累计竣工面积达 525.8 万平方米，于 9 月、10 月分别实现同比增长 24.8%与 24.2%，如图 4.3 所示。

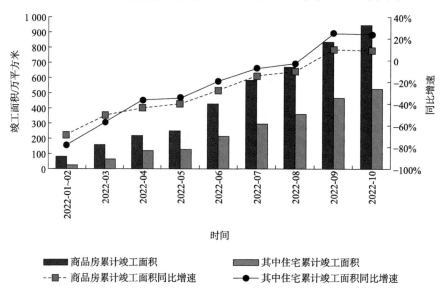

图 4.3　北京市 2022 年 1~10 月商品房累计竣工面积及同比增速

资料来源：北京市统计局

3. 房地产市场销售情况

截至 2022 年 10 月，北京市商品房累计销售面积为 835.2 万平方米（图 4.4），同比下降 3.1%。其中住宅累计销售面积为 603.7 万平方米（图 4.4），同比下降 14%。各月商品房累计销售面积较上年同期有所下降。

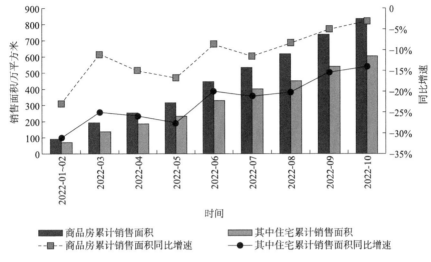

图 4.4 北京市 2022 年 1~10 月商品房累计销售面积及同比增速

资料来源：北京市统计局

2022 年 1~10 月，北京市商品房累计待售面积为 2 509.6 万平方米，同比上升 8.4%。其中住宅累计待售面积为 816.8 万平方米，同比上升 3.1%，如图 4.5 所示。与上年同期相比，2022 年各月商品房及其中住宅累计待售面积均有上升。

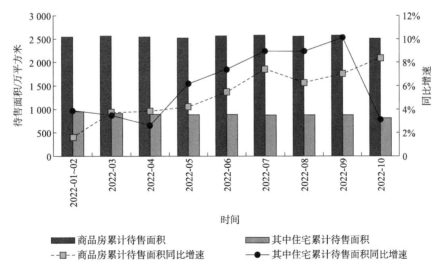

图 4.5 北京市 2022 年 1~10 月商品房累计待售面积及同比增速

资料来源：北京市统计局

4. 商品房交易价格

2022 年 1~10 月北京市新建商品住宅价格指数与二手住宅价格指数呈现小幅波动，新建商品住宅价格与二手住宅价格总体保持上升趋势。具体如图 4.6 所示。

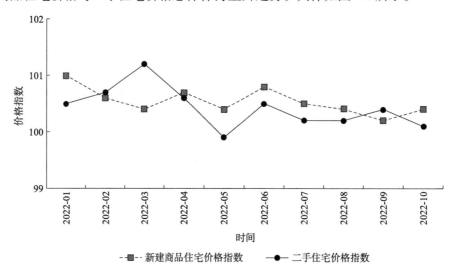

图 4.6　北京市 2022 年 1~10 月新建商品住宅与二手住宅价格指数（上月价格=100）

资料来源：北京市统计局

三、政策建议

1. 坚持"房住不炒"，保持房地产调控政策稳定性与连续性

坚持"房住不炒"，加强预期引导。推进保障性住房建设，满足购房者合理住房需求，促进房地产行业健康发展。引导房地产企业积极探索新发展模式，引导购房者消费观念，因城施策促进房地产业良性循环。2021 年 12 月中央经济工作会议提出房地产市场"良性循环"的概念。在当前房地产市场销售走弱的背景下，良性循环的提出是一个较为积极的政策信号，能够促进房地产市场健康发展。在适当调整相关购房政策的同时，也应保障政策稳定性与连续性。

2. 落实城市更新行动计划，探索市场发展新模式

持续完善和优化调整城市空间形态和城市功能，落实城市更新行动计划。鼓励多元主体参与城市更新，探索市场化更新机制。作为全国第一批城市更新试点城市之一，北京自"十四五"开局以来积极推进城市更新行动，贯彻落实北京城市总体规划、控制性详细规划和分区规划，做到严控总量、分区统筹、增减平衡。2022 年 12 月北京市十五届人大常委会第四十五次会议表决通过《北京市城市更新条例》，并将从 2023 年 3 月起实施。应继续推进城市更新行动计划，探索房地产市场健康发展新模式。

3. 规范住房租赁市场发展，保障多子女家庭住房需求

增加租赁住房供应，筹建建设保障性租赁住房，关注多子女家庭的租房需求，解决

低收入家庭的住房问题。2022 年北京继续做好住房供地保障，筹集建设保障性租赁住房15万套，竣工各类保障房8万套，同时提出适应多子女家庭的公租房政策，响应国家"三孩政策"精神，明确鼓励家庭生育的政策导向。相关部门应继续推进住房租赁市场健康有序发展，同时有效减轻多子女家庭的住房负担。

第二节　上海市 2022 年 1~10 月房地产市场分析

一、上海市经济形势概况

2022 年，上海受到了疫情的严重冲击，上海市先后制定出台抗疫助企"21 条"、经济恢复重振"50 条"、稳增长"22 条"三轮政策，经济运行呈现"平稳开局、深度回落、快速反弹、持续恢复"的 V 形态势，第三季度主要指标表现好于全国、好于预期，展现出较强韧性和内生活力。但同时，经济恢复基础仍不牢固，近期防疫政策放开后对经济的短期冲击需要关注，有效需求总体偏弱，促消费扩投资仍面临较多制约，企业生产经营仍面临较多困难，预计 2022 年第四季度至 2023 年上半年全市经济增长压力仍然较大。

上海经济运行呈现以下主要特征。

1. 经济运行企稳，二、三产业降幅收窄

2022 年前三季度上海市实现地区生产总值 30 956.65 亿元，按可比价格计算比上年同期下降 1.4%，降幅较上半年收窄 4.3 个百分点。其中，第一产业增加值 55.74 亿元，同比下降 0.7%；第二产业增加值 7 822.08 亿元，同比下降 4.0%，降幅较上半年收窄 9.8 个百分点；第三产业增加值 23 078.83 亿元，同比下降 0.5%，降幅较上半年收窄 2.6 个百分点。第三产业增加值占全市生产总值的比重为 74.55%。分行业看，交通运输、仓储和邮政业增加值 1 165.56 亿元，同比下降 8.5%；信息传输、软件和信息技术服务业增加值 2 614.93 亿元，同比增长 6.0%；批发和零售业增加值 3 605.24 亿元，同比下降 9.6%；金融业增加值 6 286.61 亿元，同比增长 6.2%；房地产业增加值 2 593.58 亿元，同比下降 3.3%。

2. 固定资产投资降幅明显收窄，外商投资增长较快

1~10 月，上海市固定资产投资额比上年同期下降 5.9%，降幅比上半年收窄 13.7 个百分点。从主要投资领域看，工业投资下降 5.7%，降幅比上半年收窄 15.4 个百分点；房地产开发投资下降 6%，降幅收窄 11.1 个百分点；城市基础设施投资下降 19.9%，降幅收窄 18.2 个百分点。分类型看，国有投资同比下降 3.3%，民间投资同比下降 10.9%，外商直接投资同比增长 16.9%。重大工程加快签约和建设，截至 2022 年 10 月末，完成重大项目投资 2 076 亿元，比上年增长 6%。

3. 市场消费复苏偏慢，消费促进政策作用较大

1~10 月，上海市实现社会消费品零售总额 13 311.09 亿元，比上年同期下降 9.7%，10 月当月下降 1.5%，疫情反复之下消费复苏进度偏慢。其中，批发和零售业实现零售总额 12 383.80 亿元，比上年同期下降 8.5%；住宿和餐饮业实现零售额 927.29 亿元，比上年同期下降 23.5%。分商品类别看，吃、穿、用、烧的商品 1~10 月零售额分别为 2 953.24 亿元、3 004.29 亿元、6 953.67 亿元、399.88 亿元，分别下降 8.9%、10.0%、9.8%、13.5%，分别占社会消费品零售总额的 22.2%、22.6%、52.2%、3.0%。促消费政策举措持续推进，"五五购物节"系列活动带动消费复苏。前三季度商品类网络购物交易额同比增长 7.9%，"爱购上海"电子消费券助力消费回升，市级财政资金投入 10 亿元分三批发放电子消费券，前两轮共 7 亿元消费券总体核销率超过 80%，直接拉动消费杠杆率 4 倍左右，有效撬动消费回补。汽车等大宗消费加快回暖。在新增客车牌照额度、车辆购置税减半征收、汽车消费补贴等政策拉动下，汽车零售额同比增速超 30%。

4. 货物出口增速较快，利用外资增势向好

1~10 月，上海市实现外贸进出口总额 34 575.16 亿元，比上年同期增长 5.3%。其中，出口总额 14 114.76 亿元，同比增长 12.5%；进口总额 20 460.40 亿元，同比增长 0.9%。

从经营主体看，2022 年 1~10 月上海市国有企业出口总额 1 230.23 亿元，比 2021 年同期下降 10.8%，进口总额 2 019.34 亿元，同比下降 13.7%；私营企业出口总额 5 038.17 亿元，同比增长 32.1%，进口总额 4 988.05 亿元，同比增长 0.5%；外商投资企业出口总额 7 761.84 亿元，同比增长 7.3%，进口总额 13 414.53 亿元，同比增长 3.8%。

从贸易方式看，2022 年 1~10 月上海市一般贸易出口总额 7 707.55 亿元，同比增长 21.1%，进口总额 12 752.15 亿元，同比增长 1.5%；加工贸易出口总额 3 849.25 亿元，同比增长 2.1%，进口总额 1 946.97 亿元，同比增长 0.5%。

从主要贸易产品看，2022 年 1~10 月上海市机电产品出口总额 9 580.84 亿元，汽车、手机、新能源等引领出口增长，同比增长 11.4%，进口总额 8 976.69 亿元，同比下降 1.4%；高新技术产品出口总额 5 114.26 亿元，同比增长 8.0%，进口总额 6 106.37 亿元，同比增长 1.6%。

从主要出口市场看，2021 年上海市对欧盟出口总额 2 568.37 亿元，比 2021 年同期增长 23.7%；对美国出口总额 2 621.71 亿元，同比增长 7.9%；对日本出口总额 1 103.78 亿元，同比增长 5.0%；对中国香港出口总额 1 079.06 亿元，同比下降 12.3%。

利用外资增势向好。1~10 月，实际使用外资 205.6 亿美元，同比增长 8.4%。总部经济加快集聚，前三季度新认定跨国公司地区总部 46 家、外资研发中心 17 家，累计分别达 817 家和 523 家。

5. 工业生产加快恢复，战略性新兴产业引领增长

1~10 月，上海市规模以上工业总产值为 32 751.78 亿元，比 2021 年同期下降 0.6%。受到上半年新冠疫情影响，在 35 个大类行业中，24 个行业产值同比出现下降。进入 6

月后，在订单集中交付、重点行业企业拉动以及能源电力有力保障等因素支撑下，规模以上工业增加值当月增速始终保持两位数增长，累计增速降幅不断收窄，1~10月累计下降 0.7%，全年有望实现正增长。新兴产业引领增长。前三季度，工业战略性新兴产业产值同比增长 7.2%，快于规模以上工业增速 8.7 个百分点，占规模以上工业总产值比重上升至 42.5%。其中，集成电路、生物医药、人工智能三大先导产业总产值有望实现全年两位数增长，引领全市工业战略性新兴产业总产值占规模以上工业总产值的比重稳定在 40%以上。

6. 金融市场运行平稳，财政收入逐月回暖

2022 年前三季度，上海市金融市场成交总额 2 213.73 万亿元，比上年同期增长 20.5%，增速比上半年提高 3.7 个百分点。其中，上海证券交易所有价证券、银行间市场成交额分别增长 10.3%、29.0%。9 月末，全市本外币存款余额 19.11 万亿元，同比增长 13.4%；人民币存款 17.88 万亿元，同比增长 14.4%。全市本外币各项贷款余额 10.25 万亿元，同比增长 10.1%。其中，人民币贷款余额 9.52 万亿元，同比增长 11.5%。从增量看，前三季度人民币贷款增加 6 894 亿元，同比少增 464 亿元。

2022 年 1~10 月上海市地方一般公共预算收入 6 652.60 亿元，比上年同期下降 5.90%。地方一般公共预算支出 6 634.50 亿元，同比增长 10.3%。下半年以来地方一般公共预算收入逐月回升，7~10 月分别同比增长 2%、12.1%、23.4%和 61.4%；1~10 月累计同比下降 5.9%，降幅比上半年收窄 13.9 个百分点；扣除留抵退税因素后增长 1.1%。预计全年自然口径地方一般公共预算收入降幅将逐渐收窄，扣除留抵退税因素后实现正增长。

7. 居民收入持续增加，就业形势总体稳定

前三季度上海市居民人均可支配收入 59 472 元，比上年同期增长 1.0%。其中，城镇常住居民人均可支配收入 62 479 元，同比增长 0.9%；农村常住居民人均可支配收入 32 435 元，同比增长 1.4%。就业形势持续好转。援企稳岗政策加快落实，9 月城镇调查失业率回落至 4.4%；前三季度新增就业岗位 44 万个，完成全年目标的 80%。2022 年全市高校毕业生去向落实率为 94.3%，继续位居全国首位。

8. 居民消费价格温和上涨，工业生产者价格涨幅扩大

2022 年 1~10 月上海市居民消费价格同比上涨 2.7%。其中，消费品价格上涨 3.4%，服务价格上涨 1.9%。八大类价格同比"七升一降"。食品烟酒价格上涨 4.7%，交通通信类价格上涨 4.7%，教育文化娱乐价格上涨 3.3%，医疗保健价格上涨 2.5%，生活用品及服务上涨 2.0%，居住价格上涨 1.1%，其他用品及服务价格上涨 0.4%，衣着价格下降 1%。1~10 月全市工业生产者出厂价格比上年上涨 2.7%，工业生产者购进价格上涨 5.7%。

总体来看，第三季度以来上海经济回升势头总体好于全国、好于预期，主要经济金融指标回稳向好，积极因素累计增多。但由于第二季度受疫情严重冲击，截至 10 月，多数指标累计增速仍未转正，疫情对上海开放型经济、流量型经济、服务型经济的冲击

影响需要密切关注和积极应对。国际地缘政治风险和全球经济滞胀风险交织叠加。国内企业投资信心偏弱，居民消费意愿不强，外贸不确定性增加，部分行业企业增收不增利，部分中小微市场主体生产经营仍面临较大困难。下一阶段，仍需坚持稳中求进的工作总基调，更好统筹疫情防控和经济社会发展，持续推动改革开放创新，持续增强经济韧性和内生动力，全面提升城市软实力，扎实推动经济高质量发展，努力保持经济运行在合理区间，确保完成经济社会发展目标任务。

二、上海市房地产市场概况

1. 房地产开发投资情况

2022 年以来，上海市房地产开发投资延续了 2021 年以来下行的趋势，4 月受到了疫情的冲击与影响，增速大幅下滑，呈负增长趋势，至 6 月累计负增长 17%，之后呈快速反弹状态，整体增速呈 V 字形走势。1~10 月房地产开发完成投资 3 791.33 亿元，同比下降 6 个百分点，降幅比上半年收窄 11 个百分点。住宅累计开发投资额基本与房地产整体态势相同，1~10 月住宅累计投资完成 2 116.56 亿元，同比下降 2.8 个百分点，降幅比上半年收窄 9.6 个百分点（图 4.7）。

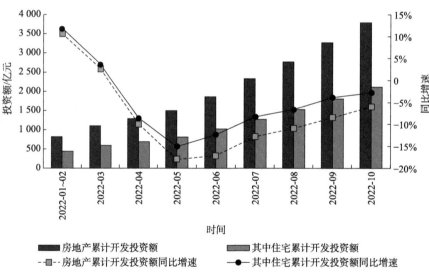

图 4.7　上海市 2022 年 1~10 月房地产累计开发投资额及同比增速

资料来源：上海市统计局

2. 房地产开发建设情况

2022 年 1~10 月，上海市商品房累计施工面积 15 874.24 万平方米，较 2021 年同期增加了 211.78 万平方米，同比增长 1.4%（图 4.8）。其中，商品房累计新开工面积 2 163.48 万平方米，较 2021 年同期减少了 881.95 万平方米，同比下降 29.0%（图 4.9）。竣工面积 1 011.45 万平方米，较 2021 年同期减少 982.69 万平方米，同比下降 49.3%。

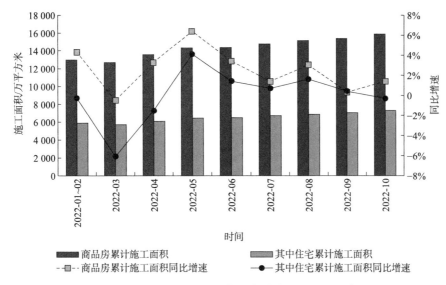

图 4.8　上海市 2022 年 1~10 月商品房累计施工面积及同比增速

资料来源：上海市统计局

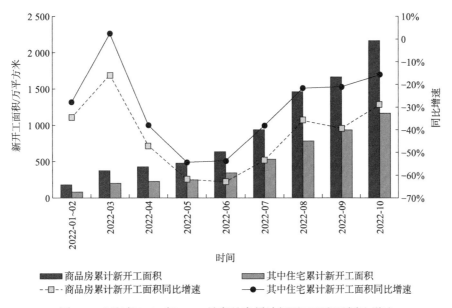

图 4.9　上海市 2022 年 1~10 月商品房累计新开工面积及同比增速

资料来源：上海市统计局

分类型看，1~10 月商品住宅施工面积 7 283.94 万平方米，同比下降 0.3%，其中新开工施工面积 1 165.06 万平方米，同比下降 15.9%。办公楼施工面积 2 455.29 万平方米，同比增长 2.0%，其中新开工施工面积 244.52 万平方米，同比下降 48.8%。商业营业用房施工面积 1 674.64 万平方米，同比下降 3.8%，其中新开工施工面积 128.87 万平方米，同比下降 52.5%。

1~10 月商品住宅、办公楼及商业营业用房竣工面积分别为 546.5 万平方米、118.05

万平方米和 110.29 万平方米，较 2021 同期分别减少 579.1 万平方米、100.75 万平方米和 59.02 万平方米，较同期分别下降 51.4%、46% 和 34.9%。

3. 商品房销售情况

如图 4.10 所示，2022 年 1~10 月，上海市商品房累计销售面积 1 383.05 万平方米，较 2021 年同期减少 87.66 万平方米，同比下降 6.0%。其中，现房销售面积 445.68 万平方米，同比下降 28.3%。商品住宅销售面积 1 162.37 万平方米，比上年增长 0.1%，增速比 1~9 月提高了 3.7 个百分点。其中，现房销售面积 273.06 万平方米，同比下降 24.7%。

如图 4.11 所示，2022 年 1~10 月，上海市商品房累计销售额 5 686.08 亿元，较 2021 年同期增加了 270.08 亿元，同比增长 5.0%。其中住宅累计销售额 5 262.61 亿元，较 2021 年同期增加了 410.63 亿元，比上年增长 8.5%。

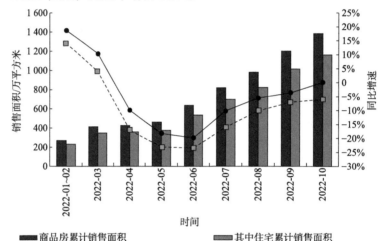

图 4.10　上海市 2022 年 1~10 月商品房累计销售面积及同比增速

资料来源：上海市统计局

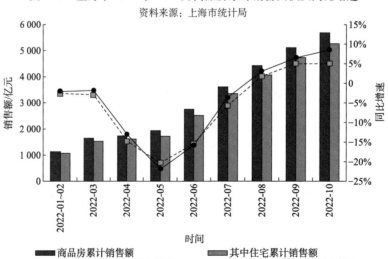

图 4.11　上海市 2022 年 1~10 月商品房累计销售额及同比增速

资料来源：上海市统计局

10 月末，全市新建商品住房可售面积为 655 万平方米，环比增加 97 万平方米，去化周期 8.2 个月，环比增加 1.3 个月；二手存量住房月末挂牌面积 1 111 万平方米，环比增加 64 万平方米，新房、二手房库存增加，去化周期延长。

4. 商品房交易价格

国家统计局数据显示，2022 年 10 月，上海新建商品住宅价格比上年同期上涨 4.0%，涨幅环比上升 0.2 个百分点，价格指数环比上涨 0.3%；二手住宅价格比上年同期上涨 3.9%，涨幅与上月持平，价格指数环比下跌 0.4%（图 4.12）。

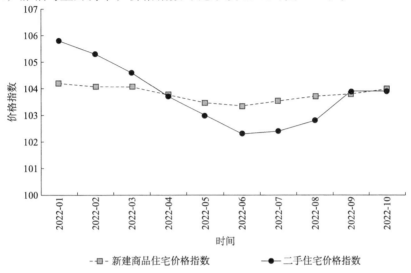

图 4.12　上海市 2022 年 1~10 月商品住宅价格指数（上年同期=100）

资料来源：国家统计局

三、政策建议

1. 便利房地产市场交易，促进市场平稳健康发展

坚决贯彻落实 2022 年中央经济工作会议要求，确保房地产市场平稳发展，扎实做好"保交楼、保民生、保稳定"各项工作。近几年，房地产业占 GDP 的比重在 7% 左右，加上建筑业等相关产业占比达到 14% 左右，土地收入和房地产相关税收占地方综合财力接近一半，房地产贷款占全部贷款余额的 39%，房产占城镇居民家庭财产的六成，可以说房地产是国民经济的支柱产业，要充分认知到房地产行业的重要性，充分释放房地产市场发展的带动力，充分释放住房消费的潜力，目前大量的置业者的需求正在从"有房住"到"住得好"转变，应加快老旧小区改造，切实改善居民居住环境；尽快放宽购房条件，降低首付成数，下调居民住房贷款利率，适当给予在短期内更换住房的置业者税收优惠，从而激活二手房市场，促进房地产市场稳定发展。

2. 提升住房保障水平，优化保障性住房运营管理

积极推进房地产行业的发展新模式，加强保障房建设，特别是租赁用房的建设。根

据城市发展及人口居住实际需求，细化住房保障准入标准和供应方式。确保保障性住房用地供应，完善保障性住房用地规划布局。按照供需匹配的原则，在确保保障性住房供应总量的前提下，完善商品房配建保障性住房政策。借助信息化手段，完善申请审核机制、审核流程。优化供后管理制度，完善社区治理，建立违规违约行为的分类处理机制。

3. 建立健全住房租赁体系，加强住房租赁市场管理

通过政府引导，筹措供应集中式新建租赁住房项目，建立平台，加强供需对接、协调分配，发挥保障性租赁住房的托底保障功能，优化人才租房支持政策。同时，关注住房租赁企业发展，引导企业结合社会发展趋势、住房需求演变规律和企业自身优势，参与租赁业务、社区养老、老旧小区改造、物业管理服务等领域，实现多元化转型。建立住房租赁市场风险防范机制，强化住房租赁资金监管，严控"租金贷"业务。健全住房租赁纠纷调处机制，加大违法违规行为查处整治力度，加大对住房租赁市场相关主体合法权益的保护力度。

第三节　广州市 2022 年 1~10 月房地产市场分析

一、广州市经济形势概况

2022 年 1~10 月，广州高效精准统筹疫情防控和经济社会发展，积极实施稳增长一揽子政策和接续政策措施，全力巩固经济恢复发展基础，经济承压前行、稳步恢复。

根据广东省地区生产总值统一核算结果，2022 年前三季度，广州市地区生产总值为 20 735.40 亿元，同比增长 2.3%。其中，第一产业增加值为 206.11 亿元，同比增长 3.2%；第二产业增加值为 5 696.58 亿元，同比增长 4.1%；第三产业增加值为 14 832.71 亿元，同比增长 1.6%。

1. 农业生产稳中向好，重点行业保持增势

前三季度，农业生产形势整体向好，全市农林牧渔业总产值同比增长 3.7%，增速比上半年提高 0.6 个百分点。重点行业中，种植业、渔业产值同比分别增长 2.3% 和 3.6%；农林牧渔业及辅助性活动产值同比增长 9.6%。主要农产品中，全市蔬菜及食用菌产量增长稳定，实现产量 280.30 万吨，同比增长 2.4%。水果产量在葡萄、柠檬等特色水果扩大种植规模、实现丰产增收的拉动下，同比增长 1.0%。生猪出栏 43.91 万头，同比增长 6.6%。

2. 工业生产有所放缓，新动能增势较好

1~10 月，全市规模以上工业增加值同比增长 4.2%，增速比前三季度回落 0.2 个百分点。汽车制造业仍是全市工业增长的主要支撑，实现增加值同比增长 13.6%，其中新能源汽车产出势头较好，实现产值 348.25 亿元、产量 24.42 万辆，同比分别增长 1.2 倍和

1.3 倍。工业新动能保持较好增势，高技术制造业实现增加值同比增长 11.8%。主要新产品中，新一代信息技术产业中智能电视、显示器产量保持较快增长，同比分别增长 1.0 倍和 24.1%；安全自动化监控设备、工业控制计算机及系统等工业自动化转型产品增势较好，实现产量同比分别增长 22.2% 和 21.6%；智能音箱、影像投影仪等消费升级视听产品实现产量同比分别增长 33.6% 和 18.1%。

3. 服务业运行稳中趋缓，新兴服务行业增长韧劲足

1~9 月（错月数据），全市规模以上服务业实现营业收入同比增长 3.8%，增速比 1~8 月回落 0.3 个百分点。主要行业中，互联网和相关服务业增速持续提升，同比增长 4.7%，增速比 1~8 月提高 2.8 个百分点。租赁和商务服务业、科学研究和技术服务业、软件和信息服务业增势平稳，同比分别增长 5.9%、5.0% 和 4.3%。文化、体育和娱乐业同比下降 7.7%。现代物流业发展韧劲较强，实现营业收入同比增长 12.5%，其中，供应链管理业同比增长 19.2%。高技术服务业中的科技成果转化服务增势较好，实现营业收入同比增长 40.6%。

4. 消费市场表现稳定，网购消费较为活跃

1~10 月，全市社会消费品零售总额 8 618.50 亿元，同比增长 3.2%，增速比前三季度提高 0.1 个百分点。汽车消费继续向好，全市限额以上汽车类商品零售额同比增长 9.5%，增速比前三季度提高 0.7 个百分点，其中新能源汽车零售额同比增长 96.5%，是 10 月广州消费市场表现稳定的"顶梁柱"。疫情宅家备货情绪下，基本生活消费品热销，限额以上饮料类、粮油食品类商品实现零售额同比分别增长 10.1% 和 6.2%，增速分别比前三季度提高 0.8 个和 0.7 个百分点；药品市场需求较旺，限额以上中西药品类零售额同比增长 12.6%。线上配送保供持续支撑消费稳步复苏，1~10 月，全市限额以上批发零售业实物商品网上零售额同比增长 13.8%，继续保持两位数快速增长势头。限额以上住宿餐饮企业通过公共网络实现餐费收入同比增长 26.4%，增速比前三季度略有提升。

5. 固定资产投资承压回落，高技术制造业投资增势不减

受新开工项目减少、房地产开发投资增速下滑、疫情影响部分项目施工进度等因素影响，1~10 月，全市完成固定资产投资额同比下降 0.7%，比前三季度回落 0.8 个百分点。分领域看，房地产开发投资同比下降 3.5%，降幅比前三季度扩大 0.8 个百分点；基础设施投资保持增长，同比增速为 1.7%；工业投资延续两位数较快增长势头，同比增长 13.4%，其中民间工业投资同比增长 42.6%。高技术制造业投资保持良好增势，完成投资额同比增长 51.8%，占制造业投资的比重为 52.7%，其中，电子及通信设备制造业投资势头猛，同比增长 75.4%。

6. 金融市场运行稳健，中长期贷款余额保持较快增长

10 月末，全市金融机构本外币存贷款余额 14.67 万亿元，同比增长 10.1%，增速比 9 月末回落 0.2 个百分点。其中，存款余额 7.88 万亿元，同比增长 7.5%，贷款余额 6.79 万亿元，同比增长 13.2%。住户、企事业单位中长期贷款余额同比分别增长 13.3% 和 13.5%，继续保持较快增长。制造业贷款余额同比增长 24.6%，增速比 9 月末加快 1.1 个百分点，金融对实体经济的支持力度不断加大。

7. 客货运量恢复放缓，铁路、港口货运持续恢复

10 月，全国疫情多点散发、局部地区出现反弹，广州作为全国交通枢纽，交通运输业运行再度承压。1~10 月，全市客运量、货运量同比分别下降 18.8% 和 7.5%，降幅比前三季度分别扩大 1.5 个和 0.2 个百分点。铁路运输在保物资畅通方面继续发挥优势，完成货运量同比增长 4.2%，增速比前三季度提高 1.1 个百分点。港口生产恢复韧性较强，全市港口货物吞吐量、集装箱吞吐量同比分别增长 0.4% 和 1.6%，增速分别比前三季度提高 0.4 个和 0.3 个百分点。

8. 居民收入稳定提高，民生保障扎实有力

前三季度，全市城镇居民人均可支配收入 61 098 元，同比增长 4.2%；农村居民人均可支配收入 30 430 元，同比增长 6.0%。城乡居民人均收入比值 2.01，比上年同期缩小 0.03。民生保障持续发力，地方一般公共预算支出中，用于社会保障和就业、教育的支出继续保持较好增势，同比分别增长 18.7% 和 17.9%。

二、广州市房地产市场概况

1. 房地产开发投资情况

如图 4.13 所示，2022 年 1~10 月，广州市房地产累计开发投资额为 2 947.81 亿元，同比增长−3.5%。全年累计开发投资额稳定增长，每月增长额保持在 200 亿元以上，其中上半年市场复苏态势良好，月度新增投资额均保持在 300 亿元左右，5 月同比增速达到 20.8%。下半年开始投资额增速减缓，恢复情况不及上年。

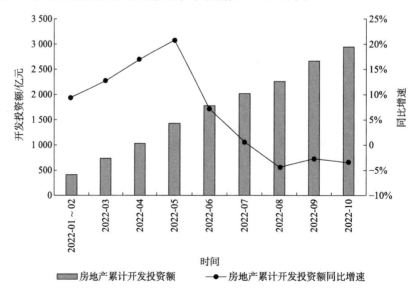

图 4.13　广州市 2022 年 1~10 月房地产累计开发投资额及同比增速

资料来源：广州市统计局

2. 房地产施工情况

如图 4.14 所示，2022 年 1~10 月，广州市商品房累计施工面积 12 876.68 万平方米，同比增长 6%，其中住宅累计施工面积为 7 558.48 万平方米，同比增长 6.9%。上半年商品房施工面积较上年有较大提高，月度增速达 10%左右，下半年增速放缓，增长趋于稳定。其中住宅同比增速围绕 8%波动，增长速度快于商品房施工面积增速。二者整体呈增长趋势，随着施工企业复产复工，广州市房地产总体施工工程也在步入恢复阶段，并逐步走出疫情影响。

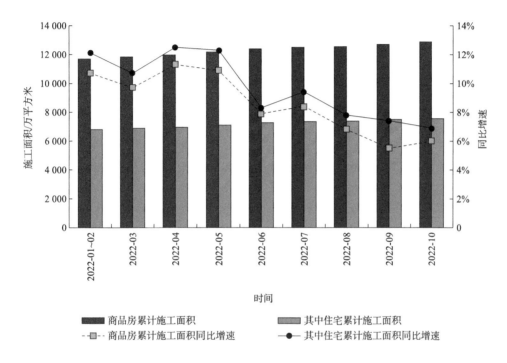

图 4.14　广州市 2022 年 1~10 月商品房累计施工面积及同比增速

资料来源：广州市统计局

如图 4.15 所示，2022 年 1~10 月，广州市商品房累计竣工面积为 630.59 万平方米，同比增长 49.0%，其中住宅累计竣工面积为 382.34 万平方米，同比增长 50.0%。广州市 1~10 月商品房累计竣工面积在 1~2 月增长最快，此后同比增速不断下降，8 月继续出现较大增长后趋于稳定。相比商品房竣工面积同比增速，住宅竣工面积同比增速更大，说明本年度广州市房地产施工情况有所好转，开工率和施工效率有所提升，但是疫情对商品房市场供应端带来的冲击仍未结束，施工效率并没有完全恢复。

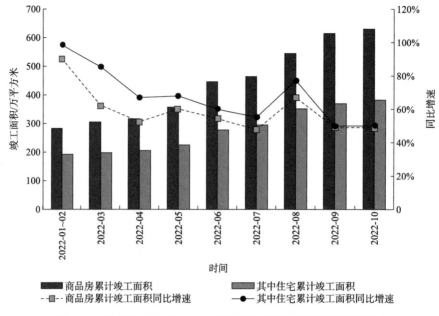

图 4.15　广州市 2022 年 1~10 月商品房累计竣工面积及同比增速

资料来源：广州市统计局

3. 房地产销售市场情况

如图 4.16 所示，2022 年 1~10 月，广州市商品房累计销售面积为 1 143.77 万平方米，同比增长-14.3%。全年销售分布较为平均，整体市场销售情况较为平稳。由于疫情影响，本年度销售面积相比上年继续下滑，2 月之后销售面积同比增速逐渐回落，每个月累计销售面积的增速都为负数，其中 5 月增速最低。广州市商品房销售市场销售情况较为平稳，每个月销售额分布较为平均，恢复态势良好。

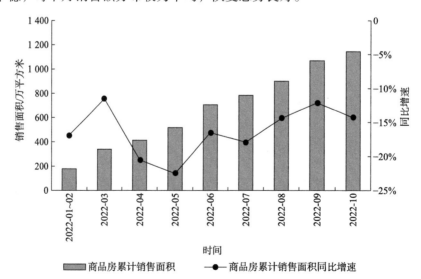

图 4.16　广州市 2022 年 1~10 月商品房累计销售面积及同比增速

资料来源：广州市统计局

如图 4.17 所示，2022 年 1~10 月，全市商品房可售面积达 2 236.95 万平方米，同比增长 13.54%。其中住宅可售面积为 1 105.4 万平方米，同比增长 14.63%。从同比增速上看，全年住宅可售面积同比增长趋势与商品房整体趋势基本相同，上半年商品房和住宅的可售面积相比上年同比增速达到 20% 以上，下半年则有所放缓并趋于统一，逐步回落到 14% 左右的同比增速。从可售面积上看，2022 年销售市场活跃，而施工情况恢复缓慢，商品房和住宅可售面积全年变化不大，恢复情况较为稳定，全年房地产市场供应端压力较大。

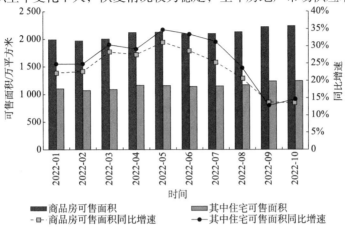

图 4.17 广州市 2022 年 1~10 月商品房可售面积及同比增速

资料来源：广州市统计局

4. 商品房交易价格情况

如图 4.18、图 4.19 所示，2022 年 1~10 月，广州市新建商品住宅价格指数同比增速呈现震荡下行的趋势。上半年新建商品住宅价格同比增速随销售市场活力恢复，环比价格指数也基本上逐步推高，下半年价格指数同比实现正增长，但增速逐步放缓，环比变化从 8 月开始出现负增长。二手住宅价格指数趋势与新建商品住宅基本一致。交易价格基本保持平稳波动，相比上年呈下降趋势。

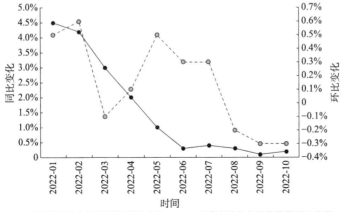

图 4.18 广州市 2022 年 1~10 月新建商品住宅价格指数变动情况

资料来源：国家统计局

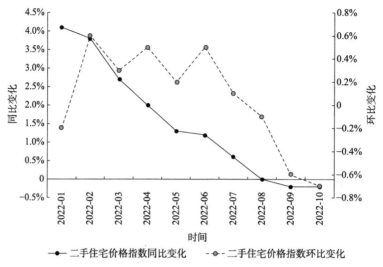

图 4.19　广州市 2022 年 1~10 月二手住宅价格指数变动情况

资料来源：国家统计局

三、政策建议

2022 年广州市房地产市场开发投资增长良好，施工建设进度有所恢复，商品房销售市场较为稳定，恢复态势良好，房价呈小幅下降趋势。

1. 坚持"房住不炒"定位，着力稳房价、稳预期

在稳定房地产市场的基础上，房地产调控应支持合理住房消费。广州市作为大湾区的经济核心城市，应继续坚持"房住不炒"的定位，着力推动房地产市场健康长效发展。要加大对居民自住和改善性住房需求的信贷支持力度，加大住房公积金支持职工购房力度，保障市民最基本的住房需求。同时，要稳定房价预期，防止房价出现不合理波动。

2. 加快建设完善多层次保障性住房供应结构

加快建设完善多层次保障性住房供应结构，充分发挥政府、企事业单位和社会组织等各类主体作用，多渠道筹集建设保障性住房，加快保障住房建设和施工。完善住房租赁制度，加强房屋租赁信息收集，做好分类分级管理，逐步提高中等偏下收入住房困难家庭的住房保障标准。

3. 建立健全中长期调控机制，大力发展住房租赁市场

要积极推进建立租赁住房和房产交易信息一体化系统，稳步增加保障房、经适房和廉租房供应。实施分区精准调控，进一步严格实行新建商品住房预售价格、现房销售价格的价格备案指导。进一步规范保障性住房的摇号制度，确保透明公正，逐级根据保障对象收入水平，制定与之对等的租金补贴政策，从而完成对应人群的住房保障。

4. 进一步加强房地产金融管理，做好分类管理和精准施策

加大对经营用途贷款违规流入房地产问题的监督检查力度，对使用房产抵押的贷款，重点审查房产交易完成后短期内申请经营用途贷款的融资需求合理性。进一步加强个人住房贷款审贷管理，严格审查购房首付资金来源和住房贷款借款人还款能力，加大收入认定标准、债务收入比的核查力度，严防消费贷、经营贷等资金违规流入房地产市场。

第四节　深圳市 2022 年 1~10 月房地产市场分析

一、深圳市经济形势概况

2022 年以来，面对复杂严峻的国内外形势，在以习近平同志为核心的党中央坚强领导下，深圳认真贯彻落实党中央、国务院以及省委、省政府各项决策部署，按照疫情要防住、经济要稳住、发展要安全要求，高效统筹疫情防控和经济社会发展，加力落实稳经济各项举措，全市经济持续恢复向好，总体运行在合理区间。

1. 地区生产总值平稳增长

根据广东省地区生产总值统一核算结果，2022 年前三季度深圳市地区生产总值为 22 925.09 亿元，同比增长 3.3%。其中，第一产业增加值为 19.94 亿元，同比下降 0.2%；第二产业增加值为 8 364.64 亿元，同比增长 5.2%；第三产业增加值为 14 540.51 亿元，同比增长 2.2%。

2. 工业生产持续增长

1~10 月，全市规模以上工业增加值同比增长 6.2%。从企业类型来看，国有企业、股份制企业、外商及港澳台投资企业增加值累计同比分别增长 30.7%、5.5%、7.4%，集体企业增加值累计同比降低 6.6%。从行业门类看，规模以上采矿业，制造业，电力、热力、燃气及水生产和供应业增加值分别增长 8.1%、6.0%、8.0%。主要行业大类中，规模以上汽车制造业增加值增长 112.1%，石油和天然气开采业增长 6.7%，专用设备制造业增长 4.9%，计算机、通信和其他电子设备制造业增长 3.8%。主要高技术产品产量持续快速增长态势，其中，新能源汽车、充电桩、5G 智能手机、民用无人机产量分别增长 212.7%、124.4%、35.4%、31.4%。

3. 固定资产投资稳定增长

1~10 月，全市固定资产投资同比增长 10.1%。工业投资增势强劲，增长 31.3%，其中，制造业投资增长 23.2%；房地产开发投资增长 8.4%。分产业看，第二产业投资增长 31.4%，第三产业投资增长 6.7%。高技术产业投资活跃，高技术制造业投资增长 24.0%，其中，电子及通信设备制造投资增长 40.0%；信息传输、软件和信息技术服务

业投资增长 39.0%。社会领域投资快速增长，其中，卫生和社会工作投资增长 85.7%，文化、体育和娱乐业投资增长 44.2%。

4. 市场销售恢复加快

10 月，市场销售增长加快，社会消费品零售总额同比增长 8.4%，比 9 月提升 3.3 个百分点；限额以上单位商品零售额增长 16.7%，其中，汽车类增长 33.1%。1~10 月，全市社会消费品零售总额 7 964.83 亿元，同比增长 2.4%，比 1~9 月提升 0.7 个百分点。分消费类型看，商品零售增长 4.2%；餐饮收入下降 11.2%。基本生活类商品销售良好，其中，限额以上单位粮油食品类、饮料类零售额分别增长 18.2%、23.1%。消费升级类商品保持较快增长，其中，限额以上单位通信器材类、金银珠宝类零售额分别增长 34.5%、10.4%。网上零售持续快速增长，限额以上单位通过互联网实现的商品零售额增长 19.2%。

5. 货物进出口规模扩大

1~10 月，全市进出口总额 29 787.62 亿元，同比增长 6.1%。其中，出口 17 753.76 亿元，增长 17.0%；进口 12 033.86 亿元，下降 6.7%。其中，一般贸易进出口增长 7.8%，占进出口总额的 51.0%，比重较上年同期提高 0.8 个百分点。

6. 金融机构存贷款余额较快增长

10 月末，全市金融机构（含外资）本外币存款余额 119 295.24 亿元，同比增长 8.8%。金融机构（含外资）本外币贷款余额 82 709.90 亿元，同比增长 9.4%。

7. 居民消费价格温和上涨

1~10 月，深圳居民消费价格比上年同期上涨 2.3%，涨幅比 1~9 月回落 0.1 个百分点。其中，食品烟酒价格上涨 3.2%，衣着价格上涨 0.8%，居住价格上涨 0.5%，生活用品及服务价格上涨 1.3%，教育文化娱乐价格上涨 2.9%，医疗保健价格持平，其他用品及服务价格上涨 2.2%。

二、深圳市房地产市场概况

1. 房地产开发投资增速总体上升

如图 4.20 所示，2022 年 1~10 月，深圳市房地产累计开发投资额同比增速整体变化波动明显，除年初 1~2 月的同比增速为负值 -0.4% 外，2~10 月的同比增速均为正值，说明与 2021 年同期数据相比，2022 年房地产累计开发投资额有明显提高。在 4 月同比增速降至 1.2% 之后，深圳市加大了对房地产市场的投资，同比增速提升至 8 月的 11.8% 之后有所下降，整体形势向好。

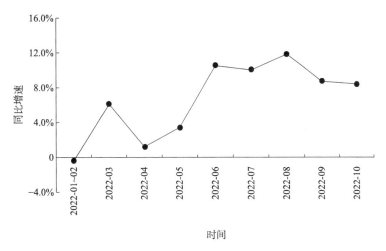

图 4.20　深圳市 2022 年 1~10 月房地产累计开发投资额同比增速

资料来源：深圳市统计局

2. 商品房施工面积增速下降

如图 4.21 所示，2022 年 1~10 月深圳市商品房累计施工面积为 10 457.56 万平方米，与 2021 年同期相比增长了 569 万平方米，同比增速为 5.8%，其中住宅累计施工面积为 5 437.94 万平方米，与 2021 年同期相比增长了 478.31 万平方米，同比增速为 9.6%。深圳市商品房累计施工面积逐月稳定增加，但同比增速有所下降。其中，住宅累计施工面积同比增速与商品房累计施工面积同比增速波动趋势一致，二者之间差距基本维持在 4% 左右。

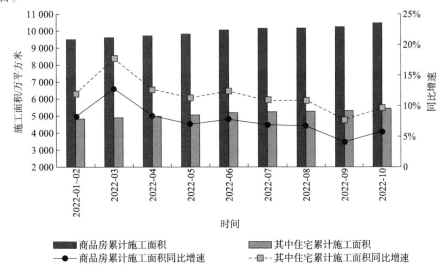

图 4.21　深圳市 2022 年 1~10 月商品房累计施工面积及同比增速

资料来源：深圳市统计局

3. 商品房竣工面积整体减少

如图 4.22 所示，2022 年 1~10 月深圳市商品房累计竣工面积为 287.69 万平方米，与

2021 年同期相比减少了 54.06 万平方米，同比增速为-15.8%，其中住宅累计竣工面积为 137.7 万平方米，与 2021 年同期相比减少了 42.28 万平方米，同比增速为-23.5%。受疫情影响，上半年商品房累计竣工面积同比增速持续大幅度下降，直至 9、10 月，同比增速负值有所减小。商品房与其中住宅的累计竣工面积同比增速自 6 月后变化趋势趋于一致。

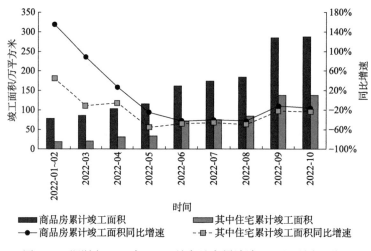

图 4.22 深圳市 2022 年 1~10 月商品房累计竣工面积及同比增速

资料来源：深圳市统计局

4. 商品房销售面积同比下降有所减少

如图 4.23 所示，2022 年 1~10 月深圳市商品房累计销售面积为 453.62 万平方米，与 2021 年同期相比下降了 20.1%。2022 年商品房销售市场整体较为低迷，同比增速均为负值，与 2021 年同期相比商品房销售面积整体大幅下降。自 3 月之后同比增速负值开始减小，商品房销售市场开始逐渐回暖。

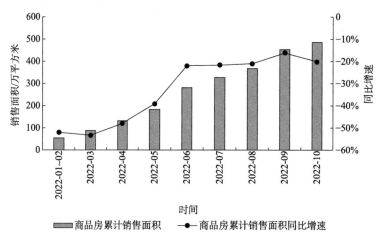

图 4.23 深圳市 2022 年 1~10 月商品房累计销售面积及同比增速

资料来源：深圳市统计局

5. 新建商品住宅价格同比增长，二手住宅价格环比波动明显

如图4.24所示，以同比视角来看，深圳市2022年1~10月各月新建商品住宅价格较2021年同期均有所提升，在8月之后价格提升幅度有所回落；二手住宅价格与2021年同期相比有所下降，整体无明显波动趋势。受商品房销售市场低迷的影响，新建商品住宅价格指数变化整体呈下降趋势。

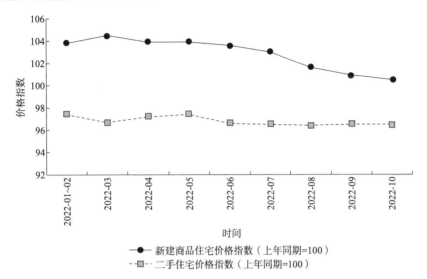

图 4.24 深圳市 2022 年 1~10 月房地产价格指数（同比）

资料来源：深圳市统计局

如图4.25所示，以环比视角来看，2022年深圳市1~10月新建商品住宅价格指数整体呈下降趋势，除在3月和5月有所回升，而二手住宅价格指数则波动较为明显，价格指数整体围绕100上下波动。

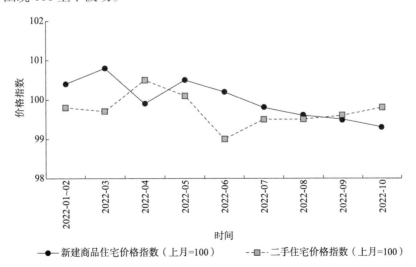

图 4.25 深圳市 2022 年 1~10 月房地产价格指数（环比）

资料来源：深圳市统计局

三、政策建议

1. 采取措施逐步完善住房供应和保障体系

为了完善住房供应和保障体系，多措并举促进房地产市场平稳健康发展。首先，构建完善的"4＋2＋2＋2"住房供应和保障体系，加强保障性租赁住房建设，逐步使租购住房在享受公共服务上具有同等权利，规范发展长租房市场。推动土地供应向租赁住房建设倾斜，单列租赁住房用地计划，探索利用集体建设用地和企事业单位自有闲置土地建设租赁住房。其次，整顿租赁市场秩序，规范市场行为，对租金水平进行合理调控。健全公共住房分配管理、封闭流转和各类公共住房定价机制，完善公共住房租后监管制度。坚持稳地价、稳房价、稳预期，促进房地产市场平稳健康发展，积极防范化解房地产市场风险。最后，建立健全经济适用、品质优良、绿色环保的住房标准体系，提升物业现代化管理水平，加快老旧小区改造。持续改善城中村居住环境和配套服务，打造整洁有序、安全舒适的新型社区。

2. 加强二手房市场监管，规范房地产市场秩序

继续保障好群众住房需求。坚持"房子是用来住的、不是用来炒的"定位，探索新的发展模式，加快建立多主体供给多渠道保障租购并举的住房供应与保障体系。坚持租购并举，推进保障性住房建设，支持商品房市场更好满足购房者的合理住房需求。为减少深圳房地产市场中刚需房源供应紧缺、房价过高等问题，可从一级的土地市场和城市更新项目着手，加快推进安居型商品房建设和住宅配建，以此来满足普通购房群体的住房需求。除此之外，规范既有非居住房屋改建为保障性租赁住房行为，切实增加保障性租赁住房供给，有效缓解新市民、青年人的阶段性住房困难。

相关部门要继续在房地产中介机构中发挥"良性循环"的导向功能，加强对房地产中介市场的监管。适当地调整财政政策，一方面，适度放宽房地产企业的融资控制，减轻房地产企业的负债负担；另一方面，要加强对"首套房""改善性住房"的按揭贷款，以构建良好的购房信贷环境。

3. 积极探索房地产行业的新发展模式

房地产行业向新发展模式转型不仅仅是企业行为，政府要积极发挥引导作用。在房地产开发模式上，引导企业从增量开发转向存量运营，提高运营能力，逐渐摆脱高杠杆、高负债、高周转的开发模式，实现轻资产运营。引导企业在产品品质上下功夫，满足市场对改善居住环境的需求。政府要将房地产发展模式转型与防范风险放在同等重要的地位。深圳当前人口流入量大、新市民和新青年供需矛盾突出，住房租赁需求较为旺盛，推动住房模式由"购"向"租购并举"转变。大力发展住房租赁市场，特别是保障性租赁住房。坚持盘活存量，健全配套服务，推动城市更新，提高产业用地的集约化利用率，发展房地产相关服务产业，如物业管理服务等。

第五节 热点城市 2022 年 1~10 月房地产市场分析

在国内经济开始逐步转好的过程中，大部分城市的房地产市场也得到了恢复和发展，主要指标都逐步转正或是降幅收窄。本节主要分析成都市、青岛市、苏州市、武汉市、厦门市、郑州市等城市的房地产市场运行情况，以此说明我国其他城市房地产市场运行所存在的问题。

一、成都市房地产市场运行情况

（一）成都市 1~10 月经济形势概况

1. 工业生产情况

2022 年 1~10 月，全市规模以上工业增加值同比增长 5.6%。按轻重工业分，轻工业同比增长 4.1%；重工业增长 6.2%。分行业看，五大先进制造业合计增长 3.0%，其中，电子信息产业增长 9.6%；装备制造产业增长 3.4%；医药健康产业增长 2.4%；新型材料产业下降 20.7%；绿色食品产业增长 3.8%。

2. 固定资产投资情况

1~10 月，固定资产投资同比增长 2.1%。分产业看，第一产业投资同比增长 4.2%；第二产业投资下降 5.6%，其中工业投资下降 3.7%；第三产业投资增长 4.1%。分经济类型看，国有经济投资增长 12.4%；非国有经济投资下降 2.9%，其中民间投资增长 1.3%。房地产开发投资增长 6.3%。

3. 消费品市场情况

1~10 月，实现社会消费品零售总额 7 435.5 亿元，同比下降 1.9%。按经营单位所在地分，实现城镇消费品零售额 7 130.5 亿元，下降 1.9%；乡村消费品零售额 305.0 亿元，下降 2.3%。按消费形态分，餐饮收入实现 1 216.1 亿元，下降 10.8%；商品零售实现 6 219.4 亿元，增长 0.1%。居民消费价格指数为 102.6。

4. 对外贸易持续增长

1~10 月，实现外贸进出口总额 6 955.3 亿元，同比增长 5.5%。其中，出口总额 4 126.7 亿元，增长 7.1%；进口总额 2 828.6 亿元，增长 3.3%。

5. 财政、金融情况

1~10 月，一般公共预算收入完成 1 353.6 亿元，扣除留抵退税因素后增长 1.6%，按自然口径计算下降 3.3%。其中，税收收入完成 981.9 亿元，扣除留抵退税因素后下降 0.9%，按自然口径计算下降 7.5%；一般公共预算支出完成 1 804.4 亿元，下降 1.5%。

截至 10 月末，金融机构本外币存款余额为 53 182 亿元，同比增长 12.4%；其中，住户存款余额 21 618 亿元，增长 16.5%。金融机构本外币贷款余额为 52 747 亿元，增长 16.0%。

（二）成都市房地产市场概况

1. 房地产开发投资情况

2022 年 1~10 月，成都市房地产累计开发投资额同比 2021 年保持增长态势，增速逐渐放缓。2022 年 2 月，成都市房地产累计开发投资额同比 2021 年增长 14.6%，其中住宅累计开发投资额同比增长 23.4%，到 10 月房地产累计开发投资额同比增速下降至 6.3%（图 4.26）。此外，除 2022 年 9 月和 10 月成都市房地产累计开发投资额与住宅累计开发投资额同比增速变化趋势相反外，其余月份二者的变化趋势基本一致，且住宅累计开发投资额同比增速超过房地产累计开发投资额同比增速。

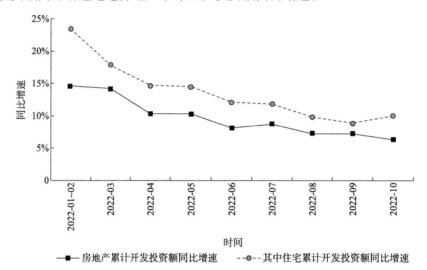

图 4.26 成都市 2022 年 1~10 月房地产累计开发投资额同比增速

资料来源：成都市统计局

2. 房地产开发建设情况

如图 4.27 所示，截至 2022 年 10 月，成都市商品房累计施工面积达到 18 813.7 万平方米，与 2021 年相比，累计施工面积整体下降，同比增速呈先下降后上升再下降的趋势，其中，2022 年 3 月商品房累计施工面积同比增速达到最低，为-1.6%。

如图 4.28 所示，从商品房竣工的情况上看，截至 2022 年 10 月，成都市商品房累计竣工面积达 822 万平方米，同 2021 年相比累计竣工面积总体下降，同比增速呈先上升后下降再上升的趋势，其中，2022 年 3 月成都市商品房累计竣工面积同比增速最大，但同 2021 年同期相比，仍下降 13.3%。

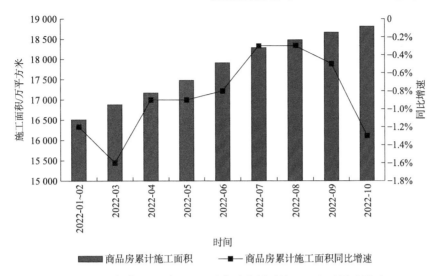

图 4.27　成都市 2022 年 1~10 月商品房累计施工面积及同比增速

资料来源：成都市统计局

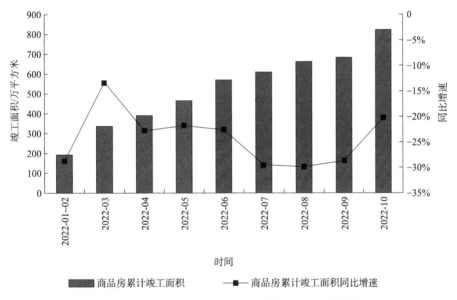

图 4.28　成都市 2022 年 1~10 月商品房累计竣工面积及同比增速

资料来源：成都市统计局

3. 商品房销售情况

如图 4.29 所示，2022 年 10 月，成都市商品房销售面积达 175.05 万平方米，环比增速达 0.48%。总体来看，除 2 月、9 月和 10 月外，成都市商品房销售面积均在 200 万平方米以上，1 月商品房销售面积最高，达 294.8 万平方米，9 月商品房销售面积较低，为 117.9 万平方米。

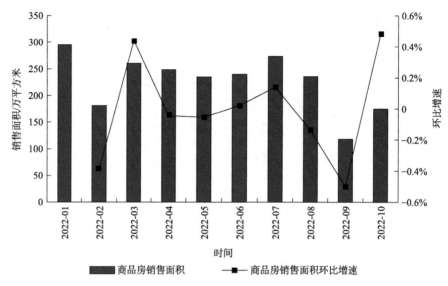

图 4.29　成都市 2022 年 1~10 月商品房销售面积及环比增速

资料来源：成都市统计局

4. 商品房销售价格

如图 4.30 所示，2022 年 1~10 月，成都市新建商品住宅和二手住宅价格指数总体上呈上升的趋势，二手住宅价格指数始终高于新建商品住宅价格指数，且下半年二者的差距较上半年增大。2022 年 1 月，新建商品住宅与二手住宅价格指数分别为 105.5 和 107.5，同年 10 月，新建商品住宅与二手住宅价格指数分别增长为 112.8 和 115.7。

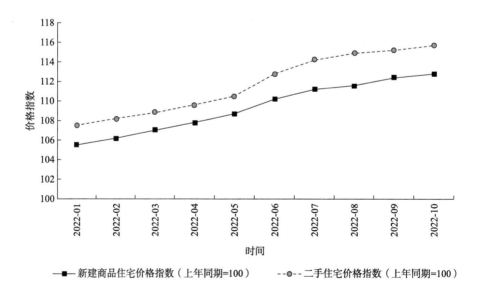

图 4.30　成都市 2022 年 1~10 月新建商品住宅与二手住宅价格指数（同比）

资料来源：国家统计局

（三）政策建议

1. 深化住房租赁市场支持政策

政府应加快保障性租赁住房建设，实施租赁市场扶持政策，以土地政策保障为基础，为租赁住房提供用地。加强财政保障，扩大融资渠道，积极引入保险资金、社会保障基金、企业年金等资金到租赁住房的建设和运营中，积极引导商业银行等金融机构参与住房租赁项目的各个环节提供金融产品和服务。利用住房公积金为已建成的高质量企业发放公积金专项贷款，并积极支持符合条件的企业推出债券及其不动产的证券化产品。

2. 优化土地资源供给结构

为实现高质量发展，应推动实施土地精细化管理、提高土地利用率、盘活现有存量，持续提升土地和城市价值。土地供给与城市结构具有很强的相关性，调整土地的供给有利于调整商品房市场供给。同时，应继续强化土地供给后的监管，实施企业全生命周期的用地管理，加强土地出让合同的履约和供后监督，将未履行协议的公司列入不良信用记录，不得参与经营性用地竞买活动。

二、青岛市房地产市场运行情况

（一）青岛市 1~10 月经济形势概况

1~10 月，全市上下高效统筹疫情防控和经济社会发展，坚决落实"疫情要防住、经济要稳住、发展要安全"要求，加力落实稳经济各项举措，全市经济继续保持稳定恢复态势。

1. 工业生产稳定增长，高技术制造业引领作用突出

1~10 月，规模以上工业增加值同比增长 4.5%。从行业看，35 个大类行业中，有 24 个行业同比增长，增长面为 68.6%，8 个行业增加值增速超过 10%。高技术制造业保持快速增长态势，1~10 月，规模以上高技术制造业增加值同比增长 20.9%，拉动规模以上工业增加值增长 2.1 个百分点，其中，计算机及办公设备制造业、医疗仪器设备及仪器仪表制造业增加值增速均超过 25.0%。

2. 服务业较快增长，现代服务业发展势头良好

1~9 月，规模以上服务业行业增长面总体稳定，32 个大类行业中有 21 个大类行业营业收入同比实现增长，增长面达 65.6%。交通运输、仓储和邮政业持续较快增长，实现营业收入同比增长 19.1%，其中，多式联运和运输代理业营业收入增长 19.8%。现代服务业发展势头良好，信息传输、软件和信息技术服务业营业收入增长 13.4%，科学研究和技术服务业营业收入增长 19.1%。

3. 固定资产投资平稳增长，社会领域投资增势较好

1~10月，固定资产投资同比增长 4.1%。分产业看，第一产业投资同比增长 12.2%，第二产业投资增长 14.3%，第三产业投资增长 0.5%。重点领域投资持续发力，基础设施投资同比增长 16.3%；战略性新兴产业投资、高技术产业投资分别增长 13.7% 和 25.0%。社会领域投资增势较好，1~10月，社会民生投资同比增长 16.6%，其中，卫生和社会工作投资增长 48.9%，教育投资增长 20.4%。

4. 消费市场延续恢复态势，线上消费较为活跃

1~10月，限额以上零售业销售额同比增长 12.2%。在 27 个商品类别中，有 15 类商品销售额同比保持增长。消费升级类商品销售较快，限额以上法人单位中新能源汽车、能效等级为 1 级和 2 级的家用电器及音像器材类商品销售额分别增长 1.5 倍、47.0%。网络消费保持活跃，全市限额以上法人单位通过网络实现的商品销售额同比增长 28.1%，快于限额以上零售业销售额增速15.9个百分点。餐饮业增势平稳，全市限额以上餐饮业营业额同比增长 5.5%，其中，餐饮配送及外卖送餐服务营业额增长 18.9%。

5. 货物进出口平稳增长，民营企业活力增强

1~10月，全市货物进出口总值 7 387.8 亿元，同比增长 6.7%。其中，出口 4 352.5 亿元，增长 10.9%；进口 3 035.3 亿元，增长 1.1%。民营企业进出口比重提升，1~10月，民营企业进出口 5 119.2 亿元，同比增长 11.2%，占全市进出口总值比重 69.3%，比上年同期提升 2.8 个百分点。对新兴市场进出口增长明显，1~10月，对区域全面经济伙伴关系协定（Regional Comprehensive Economic Partnership，RCEP）其他成员国进出口同比增长 10.4%；对"一带一路"沿线国家、上海合作组织其他成员国进出口分别增长 22.0%、29.5%。

6. 就业形势总体稳定，消费价格温和上涨

1~10月，全市城镇新增就业 33.88 万人。其中，服务业吸纳就业 23.54 万人，同比增长 0.6%，占就业总量的 69.5%，同比提升 1.9 个百分点。

1~10月，居民消费价格同比上涨 2.0%，其中，10月当月，居民消费价格同比上涨 2.1%，环比持平。分类别看，10月当月，食品烟酒、交通通信、其他用品及服务、生活用品及服务、衣着、教育文化娱乐、居住、医疗保健价格同比分别上涨 4.4%、3.5%、1.9%、1.5%、1.0%、0.7%、0.7%、0.7%。

（二）青岛市房地产市场概况

1. 房地产开发投资情况

如图 4.31 所示，截至 2022 年 10月，青岛市房地产累计开发投资额达 1 548 亿元，其中住宅累计开发投资额达 1 137.1 亿元，房地产累计开发投资额和住宅累计开发投资额同比增速变化趋势基本一致，且呈下降的趋势。除2022年2月，其余月份房地产开发投资额较 2021 年相比均有所下降。2022 年 2 月，青岛市房地产累计开发投资额同比 2021年增长 3.3%，其中住宅累计开发投资额同比增长 9.3%，到 10 月，房地产累计开发投资额同比增速下降至-5.4%，其中住宅累计开发投资额同比增速下降至-7.5%。

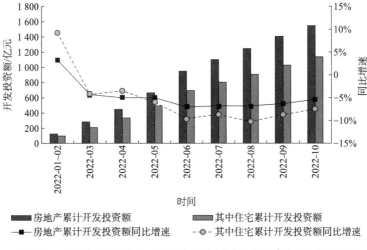

图4.31 青岛市2022年1~10月房地产累计开发投资额及同比增速

资料来源：青岛市统计局

2. 房地产开发建设情况

如图4.32所示，截至2022年10月，青岛市商品房累计施工面积达到11 686.3万平方米，其中累计新开工面积达1 048.6万平方米。与2021年相比，2022年1~10月累计施工面积和累计新开工面积总体上有所下降，其中，商品房累计施工面积同比增速呈先上升后下降的趋势，除2022年4月和5月外，其余月份商品房累计施工面积与2021年同期相比均有所下降；累计新开工面积同比增速整体上呈下降趋势，2022年10月同比增速达到最低，为-40.4%。

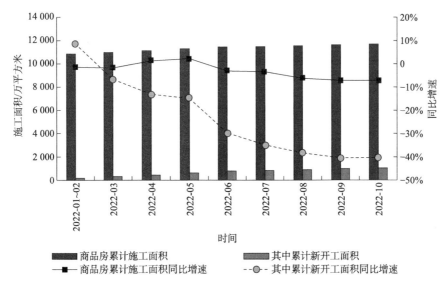

图4.32 青岛市2022年1~10月商品房累计施工面积及同比增速

资料来源：青岛市统计局

如图 4.33 所示，从商品房竣工的情况上看，2022 年 1~10 月，青岛市商品房累计竣工面积同比增速总体上呈上升的趋势，除 2 月、4 月和 5 月外，其余月份商品房累计竣工面积与 2021 年同期相比均有所上升，其中，2022 年 10 月青岛市商品房累计竣工面积达 813.1 万平方米，同比增速最高达 38.5%。

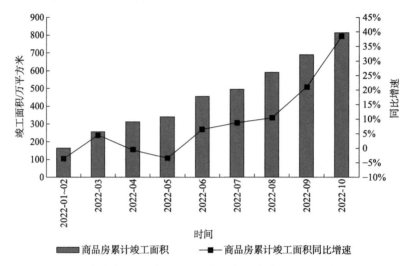

图 4.33 青岛市 2022 年 1~10 月商品房累计竣工面积及同比增速

资料来源：青岛市统计局

3. 商品房销售情况

如图 4.34 所示，2022 年 10 月，青岛市商品房累计销售面积达 1 325 万平方米，同比增速为 −5.2%。总体来看，商品房累计销售面积同比增速呈先下降后上升的趋势，除 2022 年 2 月，青岛市商品房累计销售面积同 2021 年同期相比均有所下降，其中 4 月商品房累计销售面积同比增速最低，为 −19.8%。

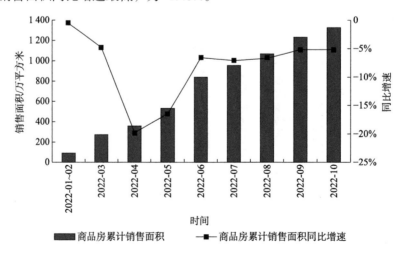

图 4.34 青岛市 2022 年 1~10 月商品房累计销售面积及同比增速

资料来源：青岛市统计局

如图 4.35 所示，2022 年 1~10 月，青岛市商品房累计销售额同比增速整体上先下降后上升，除 2022 年 2 月，其余月份商品房累计销售额与 2021 年同期相比均有所下降。2022 年 4 月，商品房累计销售额同比增速最低，为-17.8%，同年 10 月，商品房累计销售额达 1 820.6 亿元，同比增速为-6.3%。

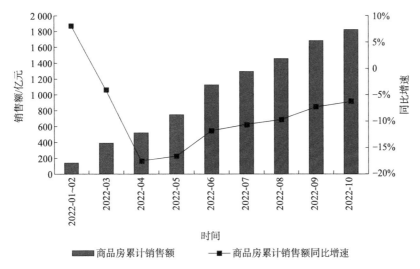

图 4.35　青岛市 2022 年 1~10 月商品房累计销售额及同比增速

资料来源：青岛市统计局

4. 商品房销售价格

如图 4.36 所示，2022 年 1~10 月，青岛市新建商品住宅价格指数有所上升，二手住宅价格指数总体上呈下降的趋势，新建商品住宅价格指数始终高于二手住宅价格指数，且二者之间的差距逐渐增大。2022 年 1 月，新建商品住宅与二手住宅价格指数分别为 105.5 和 100.1，同年 10 月，新建商品住宅与二手住宅价格指数分别为 106.5 和 98.1。

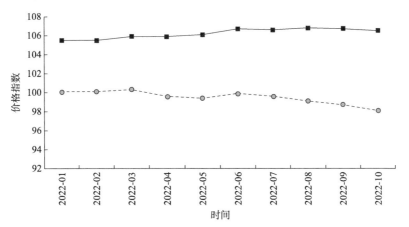

图 4.36　青岛市 2022 年 1~10 月新建商品住宅与二手住宅价格指数（同比）

资料来源：国家统计局

（三）政策建议

1. 稳步推进房地产长效机制建设

首先，应推动户籍制度改革，调节收入分配结构，加快城镇化进程，以改善房地产市场需求不足的状况；其次，通过财税、金融、土地等政策来促进长租房和保障性住房建设，并不断丰富和健全多层次的住房供应体系；再次，推进农地入市制度的改革，完善土地指标的跨地区调配等体制机制；最后，房地产贷款集中执行，持续健全房地产金融监管体系。

2. 净化房地产市场发展环境

进一步加强房地产市场的监管，持续整顿房地产市场秩序，加大对捂盘惜售、散布虚假信息和扰乱市场秩序等违法违规行为的查处力度，依法依规开展行政执法，加强市场统计、分析和研判，加大房地产市场的调控力度，稳定市场预期，促进房地产市场良性循环和健康发展。

三、苏州市房地产市场运行情况

（一）苏州市 1~10 月经济形势概况

2022 年以来，面对复杂严峻的国内外形势和多重超预期因素影响，全市上下坚决贯彻中央"疫情要防住、经济要稳住、发展要安全"的重大要求，高效统筹疫情防控和经济社会发展，有力有序落实稳经济一揽子政策措施，第三季度全市经济总体呈现稳定回升，加固向好态势，实体经济表现出较强的发展韧性和创新活力。根据省统计局统一核算，前三季度全市实现地区生产总值 16 976.7 亿元，按可比价格计算，同比增长 1.3%，比上半年提高 1.0 个百分点。其中第一产业增加值 95.5 亿元，增长 3.1%；第二产业增加值 7 913.4 亿元，增长 1.1%；第三产业增加值 8 967.8 亿元，增长 1.3%。

苏州市经济运行主要呈现以下特点。

1. 农业生产保持稳定，供给结构不断优化

前三季度全市实现农林牧渔业总产值 190.9 亿元，按可比价格计算，同比增长 2.7%，比上半年提高 1.5 个百分点。粮食生产形势良好。秋粮播种面积稳中有增，水稻长势情况较好，秋粮生产有望丰收。全市猪牛羊禽肉产量 1.33 万吨，同比增长 70.4%。蔬菜产量 150.6 万吨，水产品产量 9.2 万吨，牛奶产量 3.3 万吨。9 月末，全市生猪存栏 20.96 万头，同比增长 43.2%，其中能繁母猪存栏 2.04 万头，同比增长 57.4%。前三季度生猪累计出栏 14.47 万头，同比增长 103.3%。

2. 工业经济稳步回升，产业创新集群加快推进

前三季度全市实现规模以上工业总产值 32 084.7 亿元，同比增长 5.4%，比上半年提高 2.3 个百分点。规模以上工业增加值同比增长 2.1%，比上半年提高 2.7 个百分点。重点产业支撑作用明显。前三季度全市电子信息行业实现产值 9 349.4 亿元，同比增长

8.2%，高于规模以上工业平均增速 2.8 个百分点。装备制造业产值近万亿元，达到 9 968.6 亿元，同比增长 7.1%，对规模以上工业产值增长贡献达 40.5%。汽车制造业产值同比增长 12.9%，单月产值连续 4 个月保持 20% 以上增长。龙头企业发展稳定。全市规模以上工业百强企业实现产值 10 696.3 亿元，同比增长 9.1%，高于规模以上工业平均增速 3.7 个百分点。

全市以产业创新集群建设为引领，加快形成先进制造业发展新优势。前三季度全市实现高技术制造业产值 11 474.3 亿元，同比增长 9.0%，对规模以上工业产值增长贡献达 57.7%。创新集群产业中，集成电路产业、航空航天产业、前沿新材料产业、生物医药产业产值分别增长 23.0%、33.2%、10.1% 和 6.9%。碳纤维及其复合材料、新能源汽车、光纤、智能手机等新产品产量分别增长 48.4%、64.0%、37.9%、52.0%。

3. 生产生活服务业持续恢复，新兴服务业发展良好

1~8 月全市规模以上服务业营业收入同比增长 6.5%，其中生活性服务业营业收入增长 4.6%，扭转了连续 4 个月的负增长态势。生产性服务业营业收入增长 9.3%，高于规模以上服务业营业收入增速 2.8 个百分点。前三季度苏州港货物吞吐量同比增长 1.5%；集装箱运量增长 13.1%，比上半年提高 1.4 个百分点。全社会快递业务收入同比下降 2.0%，比上半年收窄 3.4 个百分点。

全市加快推进现代服务业、新兴服务业发展，促进制造业和服务业融合发展、协同发展。1~8 月全市规模以上高技术服务业营业收入同比增长 20.4%，其中信息传输、软件和信息技术服务业，科学研究和技术服务业营业收入同比分别增长 23.6% 和 15.0%，分别高于规模以上服务业营业收入增速 17.1 个和 8.5 个百分点。高技术服务业营业收入占规模以上服务业比重达 37.6%，同比提高 4.3 个百分点。2022 年以来新入库规模以上服务业企业中高技术服务业企业比重达 70.8%，对规模以上服务业营业收入增长贡献达 34.0%。

4. 高技术投资加速布局，基础设施建设加快

前三季度全市完成固定资产投资 4 439.5 亿元，同比增长 1.3%，比上半年加快 0.3 个百分点。其中第一产业投资 3.0 亿元。第二产业投资 1 272.6 亿元，增长 5.6%，比上半年提高 1.1 个百分点，其中工业投资 1 268.2 亿元，增长 5.4%。工业技改投资增长 5.6%，比上半年提高 12.0 个百分点。第三产业投资 3 163.9 亿元，同比下降 0.2%，其中房地产开发投资 2 289.6 亿元，下降 2.6%。

全市完成高技术产业投资 708.4 亿元，占项目投资比重达 33.0%，同比提高 5.7 个百分点；高技术产业投资同比增长 27.7%，其中高技术制造业、高技术服务业投资分别增长 22.8%、50.4%。全市完成新兴产业投资 1 266.1 亿元，同比增长 18.9%，新型平板显示、智能电网和物联网等行业投资增速均超过 40%。

基础设施投资增速加快，轨道交通 S1 线、南沿江城际铁路苏州段等一批重大基础设施加快建设。前三季度全市完成基础设施投资 518.2 亿元，同比增长 10.1%，增速分别比 1~8 月、上半年提高 6.3 个和 7.4 个百分点，基础设施投资增速自上半年由负转正后加快提升，年内首次实现两位数增长。其中交通类基础设施投资增长 52.8%、信息类基础设施投资增长 60.2%。

5. 市场消费企稳回暖，互联网零售提速增长

前三季度全市实现社会消费品零售总额 6 593.7 亿元，同比下降 1.0%，比上半年收窄 4.9 个百分点。第三季度当季社会消费品零售总额同比增长 9.0%，比第二季度提升 18.9 个百分点，消费品市场回升态势明显。分行业看，批发零售业实现零售额 6124.8 亿元，住宿餐饮业实现零售额 468.9 亿元，同比分别下降 0.2%、10.9%，分别比上半年收窄 4.7 个和 6.3 个百分点。从区域看，城镇社会消费品零售额同比下降 1.0%，乡村社会消费品零售额同比下降 0.8%，降幅分别比上半年收窄 5.0 个和 4.0 个百分点，城乡消费市场呈现同步回升态势。

从商品类别看，在促消费、购车补贴和购置税减半等政策措施推动下，汽车零售实现较快增长。7 月以来全市限额以上汽车类零售额单月增速不断攀升，9 月增速达 30.9%，其中新能源汽车增长 113.8%。暑期出游旺季及持续高温，带动石油零售额稳定增长。前三季度全市限额以上石油及制品类商品零售额同比增长 1.3%，比上半年提升 8.2 个百分点。升级类商品消费加快恢复。前三季度限额以上化妆品类、金银珠宝类商品零售额同比降幅分别比上半年收窄 13.0 个、12.1 个百分点。互联网零售提速增长。前三季度全市限额以上批零业通过公共网络实现零售额同比增长 11.0%，比上半年提升 5.1 个百分点，连续 3 个月增速提升。

6. 对外贸易稳步增长，出口结构继续优化

前三季度全市实现进出口总额 19 646.4 亿元，同比增长 8.2%，其中出口总额 11 696.1 亿元，进口总额 7 950.4 亿元，分别增长 11.1%、4.3%。一般贸易出口同比增长 16.5%，高于出口总额增速 5.4 个百分点，一般贸易出口占出口总额的比重达 40.8%，同比提高 1.9 个百分点。主要贸易伙伴出口稳定增长。前三季度全市对三大贸易伙伴东盟、欧盟、美国出口额分别增长 14.1%、14.7% 和 8.1%。前三季度机电产品进出口额同比增长 8.1%，占进出口总额比重达 73.4%。前三季度全市实际使用外资 62.3 亿美元，同比增长 38.9%。

7. 金融信贷加快增长，制造业中长期贷款增势明显

9 月末全市金融机构人民币存款余额 43 609.1 亿元，比年初增长 12.9%，增速比 6 月末提高 1.8 个百分点。金融机构人民币贷款余额 44 235.8 亿元，比年初增长 12.0%，增速比 6 月末提升 3.1 个百分点。9 月末制造业人民币中长期贷款余额比年初增长 35.4%。9 月末小微型企业人民币贷款余额 10 501.6 亿元，比年初增长 19.3%。

8. 居民收入平稳增长，物价水平总体稳定

前三季度全体居民人均可支配收入 54 134 元，同比增长 4.2%，其中城镇居民人均可支配收入 61 055 元，增长 3.6%；农村居民人均可支配收入 32 962 元，增长 5.6%，增速分别比上半年提高 0.5 个、0.7 个百分点。

前三季度市区居民消费价格总水平同比上涨 2.2%，涨幅与上半年持平。八大类消费品价格"七升一降"，其中食品烟酒类价格同比上涨 2.8%，衣着类价格上涨 0.8%，居住类价格上涨 1.3%，生活用品及服务类价格上涨 1.6%，交通通信类价格上涨 4.1%，教育文化和娱乐类价格上涨 2.0%，医疗保健类价格上涨 2.1%，其他用品及服务类价格下降 0.6%。9 月市区居民消费价格总水平同比上涨 2.1%。

总体来看，前三季度全市经济回升势头较好，主要经济指标增速稳中有进，进中见好。但同时也要看到，当前外部环境仍然复杂严峻，全市经济稳定回升的基础仍需加力巩固。下一步要坚持以习近平新时代中国特色社会主义思想为指引，深入学习贯彻落实党的二十大精神，扎实有效推动二十大精神落地生根，进一步巩固扩大统筹疫情防控和经济社会发展成果，努力提振市场主体信心，发挥工业经济"压舱石"作用，更大力度抓好项目招引和有效投入，进一步激发消费潜力，全力稳住外贸基本盘，全面巩固经济回稳向好态势，趁势而上、奋力追赶，打好全年经济工作"收官战"。

（二）房地产市场概况

1. 房地产开发投资情况

如图 4.37 所示，截至 2022 年 10 月，苏州市本年房地产累计开发投资额达 2 470.9 亿元，比上年同期下降 4.9%。其中，住宅累计开发投资 2 144.39 亿元，较上年下降 1%，占房地产开发投资额的比重为 86.8%。

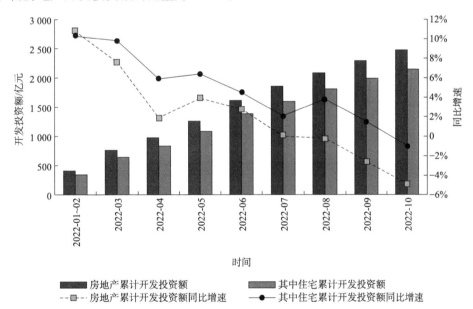

图 4.37 苏州市 2022 年 1~10 月房地产累计开发投资额及同比增速
资料来源：苏州市统计局

2. 房地产开发建设情况

如图 4.38 所示，2022 年 1~10 月苏州市商品房累计施工面积 10 786.52 万平方米，其中住宅累计施工面积 7 764.75 万平方米，比上年同期分别下降 7.2%、7.8%。本年各月商品房累计施工面积与其中住宅施工面积均低于上年同期。

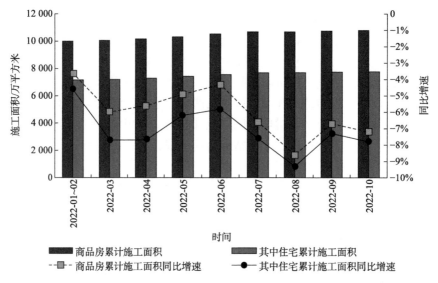

图 4.38　苏州市 2022 年 1~10 月商品房累计施工面积及同比增速

资料来源：苏州市统计局

　　如图 4.39 所示，截至 2022 年 10 月，苏州市商品房累计新开工面积达 1 032.35 万平方米，同比下降 55.5%。其中住宅累计新开工面积 794.37 万平方米，同比下降 54.7%。本年商品房与其中住宅累计新开工面积同比增速均呈下降趋势。

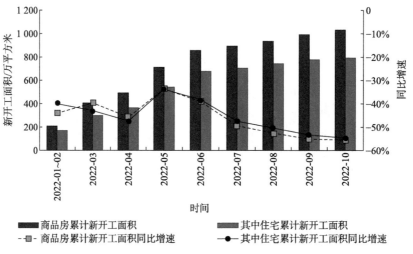

图 4.39　苏州市 2022 年 1~10 月商品房累计新开工面积及同比增速

资料来源：苏州市统计局

　　如图 4.40 所示，从竣工情况看，苏州市 2022 年 1~10 月商品房累计竣工面积达 776.33 万平方米，其中住宅累计竣工面积达 588.77 万平方米，与上年同期相比分别增长 0.2% 与 3.5%。商品房累计竣工面积与上年同期相比，起初差距较大，后于 10 月由负转正。

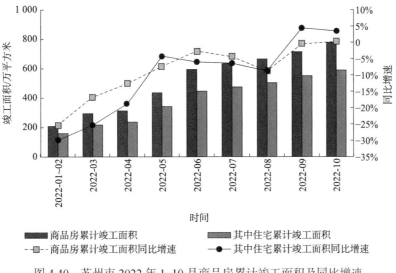

图 4.40 苏州市 2022 年 1~10 月商品房累计竣工面积及同比增速

资料来源：苏州市统计局

3. 房地产销售情况

如图 4.41 所示，截至 2022 年 5 月，苏州市商品房累计销售面积达 698.76 万平方米，其中住宅累计销售面积达 617.37 万平方米，同比分别下降 28.7% 和 32.6%。2022 年 1~5 月商品房与其中住宅销售情况均不如上年同期。

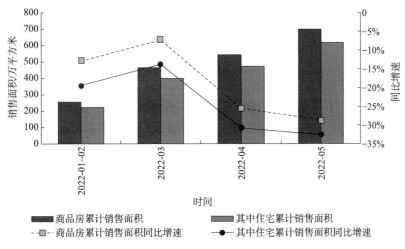

图 4.41 苏州市 2022 年 1~5 月商品房累计销售面积及同比增速

资料来源：苏州市统计局

（三）政策建议

1. 合理调整购房政策，保障引进人才住房权益

坚持"房住不炒"，保障购房者合理住房权益。鼓励引进人才购房，落实与优化人才优购房政策。2022 年 7 月，苏州市进一步加强房地产市场调控，暂停对已拥有 1 套及

以上的非本市户籍居民家庭出售新建商品住房和二手住房等。同年 7 月，苏州市发布最新人才新政，布局千套人才公寓，并为博士后流动站出站人员提供最高 500 万元科技项目资助和 300 万元安家补贴。应继续推进商品房购房政策调整，促进房地产市场平稳健康发展。同时，合理推进人才引进政策，为引进人才提供住房权益保障，带动房地产市场回暖。

2. 提高市场动态监管水平，切实规范房地产市场销售行为

借助信息化手段，完善对于房地产行业中各类项目的数据收集与综合分析，对本市房地产市场进行科学动态监管。引导房地产开发企业科学定价，落实房地产市场销售规范。加强货币资本金分类监管和预售资金监管，完善房地产开发企业相关信用评价体系。

3. 进一步加强商品房价格管理，完善成本核算与定价监督体系

加强商品住宅价格管理，严格要求房源明码标价。对于房源进行成本核算，确保申报价格由房地产开发企业科学合理确定且不低于实际销售价格。价格部门经过严格成本核算确定房地产开发企业备案价格合理性。房地产企业则应公开全部房源价格，且实际售价不可高于申报价格。同时，相关部门可结合长短效机制方式调控楼市，更多地满足居民住房需求，推动房地产市场健康发展。

四、武汉市房地产市场运行情况

（一）武汉市经济形势概况

2022 年以来，面对复杂严峻的国际形势和多重超预期因素冲击，武汉全市上下深入学习贯彻习近平总书记考察湖北武汉重要讲话精神，按照"疫情要防住、经济要稳住、发展要安全"的重要要求，在省委、省政府和市委、市政府的坚强领导下，坚持稳中求进工作总基调，高效统筹疫情防控和经济社会发展，统筹发展和安全，前三季度经济运行呈现稳中有进、稳中向好态势。

根据湖北省市州生产总值统一核算结果，初步核算，前三季度，武汉市地区生产总值 13 205.43 亿元，按可比价格计算，同比增长 4.5%，增速比上半年加快 0.2 个百分点。分产业看，第一产业增加值 351.14 亿元，同比增长 3.3%；第二产业增加值 5 029.86 亿元，同比增长 6.7%；第三产业增加值 7 824.43 亿元，同比增长 3.3%。

1. 农业生产形势稳定，主要农产品产量平稳增长

前三季度，武汉市实现农林牧渔业总产值601.83亿元，按可比价格计算，同比增长4.0%。其中，农业增长2.9%，林业增长3.7%，牧业增长2.5%，渔业增长5.2%，农业服务业增长13.3%。主要农产品产量供应稳定，蔬菜产量640.99万吨，增长2.8%；水产品产量34.06万吨，增长4.9%。

2. 工业生产韧性增强, 高技术制造业增势良好

前三季度, 武汉市规模以上工业增加值同比增长 7.0%。从行业看, 规模以上工业 36 个行业大类中有 27 个行业增加值同比实现正增长, 增长面为 75.0%。12 大重点工业行业有 10 个实现正增长, 其中, 医药制造业引领增长, 增幅达到 39.8%。从新动能看, 规模以上高技术制造业增加值同比增长 21.0%, 增速快全市规模以上工业 14.0 个百分点, 2022 年以来始终保持两位数增长, 对全市规模以上工业增长的贡献率为 42.5%, 同比提高 9.1 个百分点。规模以上工业中战略性新兴产业增加值增长 21.0%, 增速快全市规模以上工业 14.0 个百分点。

3. 固定资产投资增长较快, 工业投资增长强劲

前三季度, 武汉市固定资产投资同比增长 15.5%, 持续保持较快增长。

从产业看, 武汉市第一、二、三产业投资同比分别增长 35.5%、24.1% 和 12.9%, 占全市投资比重分别为 0.5%、24.0% 和 75.5%。从投资领域看, 武汉市工业投资同比增长 24.2%, 占全市投资比重为 24.0%, 其中, 制造业投资增长 24.0%, 工业技改投资增长 22.8%; 基础设施投资同比增长 19.2%, 占全市投资比重为 20.2%; 房地产开发投资同比增长 11.0%, 占全市投资比重为 42.0%。从投资主体看, 民间投资同比增长 5.7%, 占全市投资比重为 46.0%。

4. 消费市场持续回暖, 对外贸易总体平稳

前三季度, 武汉市实现社会消费品零售总额 4 795.43 亿元, 同比增长 4.8%, 连续 4 个月保持回升势头。

从行业看, 限额以上批发业、零售业、餐饮业销售额 (营业额) 同比分别增长 10.7%、12.7%、7.5%, 限额以上住宿业营业额同比下降 4.2%。从商品种类看, 武汉市 15 个主要限额以上零售类商品中, 有 11 类商品零售额同比实现正增长。其中, 金银珠宝、服装鞋帽纺织品、家用电器、石油及制品、饮料、汽车、中西药品、粮油食品分别增长 66.3%、26.2%、24.1%、23.0%、19.8%、19.1%、16.4%、10.7%。汽车类中, 新能源汽车销售延续火爆势头, 增长 287.3%。

前三季度, 全市进出口总额达 2 724.20 亿元, 同比增长 13.5%。其中, 出口 1 641.50 亿元, 增长 25.3%; 进口 1 082.70 亿元, 下降 0.8%。

5. 财政收入保持增长, 金融市场运行稳定

前三季度, 武汉市一般公共预算总收入完成 2 203.14 亿元, 同比增长 0.8%。其中, 地方一般公共预算收入完成 1 258.76 亿元, 扣除留抵退税因素后, 可比口径增长 1.5%。

截至 9 月末, 武汉市金融机构本外币存款余额为 36 392.43 亿元, 同比增长 9.5%。金融机构本外币贷款余额为 43 661.34 亿元, 同比增长 10.4%。

6. 居民收入平稳增长, 消费价格温和上涨

前三季度, 全市城镇居民人均可支配收入 42 993 元, 同比增长 6.0%, 增速快于上半年 0.4 个百分点; 农村居民人均可支配收入 22 930 元, 同比增长 8.2%。

前三季度, 全市居民消费价格同比上涨 2.3%, 八大类商品和服务价格均出现不同程度上涨，其中，交通通信领涨，涨幅为 5.6%，教育文化娱乐、居住、食品烟酒、其他用品及服务、生活用品及服务价格分别上涨 3.3%、2.0%、1.9%、1.8%、1.1%；衣着和医疗保健价格同比分别上涨 0.4% 和 0.1%。

　　总体来看，武汉市主要指标保持在合理区间，经济长期向好、高质量增长的基本面没有变化。同时，经济仍面临着多方面挑战，需求收缩、供给冲击、预期转弱的"三重压力"仍然存在。

（二）武汉市房地产市场概况

1. 房地产开发与投资

　　如图 4.42 所示，2022 年前三季度，武汉市房地产开发投资一直保持着较快的同比增速，尽管下半年有所放缓，但三个季度的同比增速均保持在 10% 以上。其中第一季度房地产投资同比增长 21.2%，第二季度同比增长 15.5%，很大程度上摆脱了疫情带来的负面冲击，呈现出良好的恢复态势。

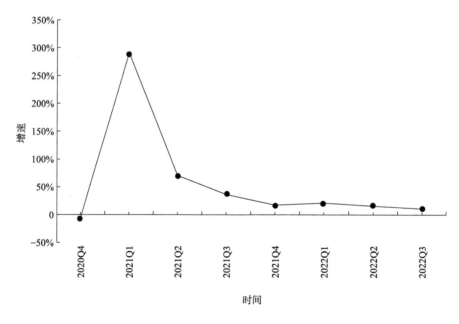

图 4.42　2020 年第四季度至 2022 年第三季度武汉市房地产开发累计投资额增速
资料来源：武汉市统计局

　　如图 4.43 所示，从土地供应层面来看，2022 年 1~10 月武汉市房地产开发用地累计供应面积达到 674.73 公顷，同比下降 33.5%，其中住宅用地累计供应面积 448.67 公顷，同比下降 40.97%，开发用地供应相比上年出现明显下降。前四个月住宅用地累计供应面积增速较快，随后开发用地供应增速出现放缓，同比增速转负。总体来看，武汉市 2022 年土地供应面临较大压力，恢复不及预期。

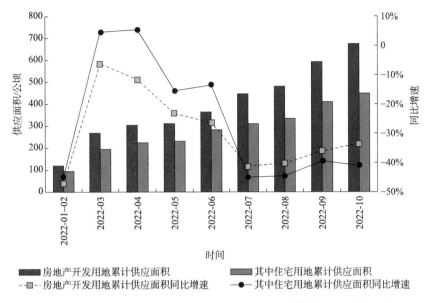

图 4.43　2022 年 1~10 月武汉市房地产开发用地累计供应面积及同比增速

资料来源：武汉市住房保障和房屋管理局

2. 商品房建设情况

如图 4.44 所示，1~10 月，新建商品房批准预售 97 196 套，批准预售面积 1 538.23 万平方米，同比减少 71.16%；其中，新建商品住房批准预售 77 844 套，批准预售面积 896.25 万平方米，同比减少 77.26%。住房租赁企业 457 家。从商品房批准预售面积可以看出，2022 年武汉市商品房的施工进度遭受了较大冲击，批准预售面积恢复不及预期，除 9 月同比增速为正之外，其余月份相比上年均出现减少。

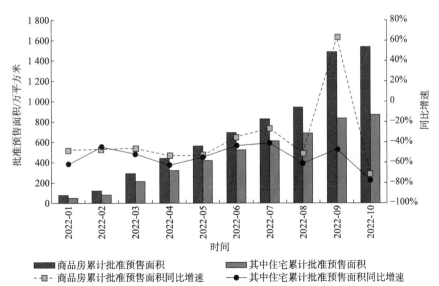

图 4.44　2022 年 1~10 月武汉市新建商品房累计批准预售面积及同比增速

资料来源：武汉市住房保障和房屋管理局

3. 商品房交易情况

2022 年武汉市商品房交易量上半年出现了小幅恢复，但下半年出现了一定下滑，总体商品房交易量相较上年全年出现小幅下滑。

如图 4.45 所示，1~10 月，武汉市新建商品房网签销售 124 588 套，网签销售面积 1 396.48 万平方米，同比减少 35.74%；其中，新建商品住宅网签销售 93 301 套，网签销售面积 1 052.23 万平方米，同比减少 33.78%。

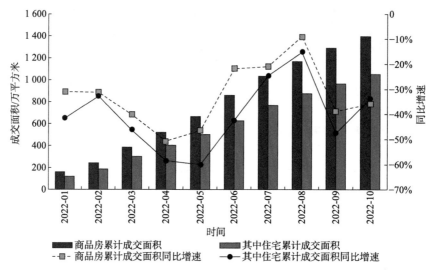

图 4.45　2022 年 1~10 月武汉市商品房累计成交面积及同比增速

资料来源：武汉市住房保障和房屋管理局

4. 商品房交易价格

如图 4.46、图 4.47 所示，2022 年 1~10 月武汉市新建商品住宅价格指数波动幅度较小，呈现出震荡走低的趋势。二手住宅价格指数趋势与新建商品住宅基本一致，呈小幅波动态势，相比上年波动下降。

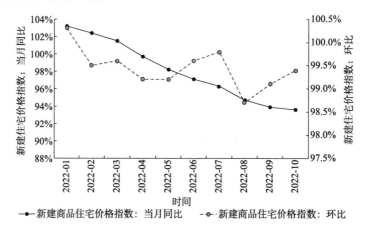

图 4.46　2022 年 1~10 月武汉市新建商品住宅价格指数

资料来源：武汉市统计局

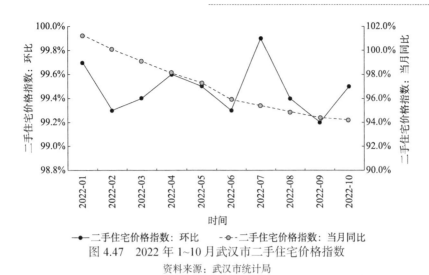

─●─ 二手住宅价格指数：环比 ··●·· 二手住宅价格指数：当月同比

图 4.47 2022 年 1~10 月武汉市二手住宅价格指数

资料来源：武汉市统计局

（三）政策建议

1. 坚持"房住不炒"，注重引导合理购房需求

武汉市需要继续坚持"房住不炒"的总原则，坚决抑制房地产投机需求，促进房地产市场长效健康发展。同时，还应看到 2022 年武汉市房地产市场恢复乏力的现象，针对市场需求不足的情况进行合理引导，满足居民的合理住房需求，重点围绕调整住房限购区域、加大金融信贷支持力度、实施土地精准投放、放宽落户条件、完善人才购房、优化预售资金监管等方面做好政策储备。

2. 加快建设保障性住房，着力解决不同群体住房问题

为保障较低收入人群合理的住房需求，政府应当大力推进保障性租赁住房建设，切实增加保障性租赁住房供给，加快完善以公租房、保障性租赁住房和共有产权住房为主体的住房保障体系，着力解决新市民、青年人等群体住房困难问题，促进实现全体人民住有所居。优化保障性租赁住房项目审批，构建市、区快速审批绿色通道，提高项目审批效率，加快保障性租赁住房供给。

3. 坚持规范管理，强化房地产市场贷款监管

引导金融机构在防范风险的前提下支持房地产开发企业的合理融资需求，稳定增加全市房地产开发贷款投放。加大个人住房贷款投放力度，缩短贷款审批发放周期，积极支持居民家庭合理的住房资金需求。加大对长租房市场、保障性住房建设的金融支持力度。同时，维护房贷市场秩序，加强消费贷款、经营性贷款管理，防范信贷资金违规流入房地产市场。

五、厦门市房地产市场运行情况

（一）厦门市经济形势概况

2022 年，厦门市积极统筹疫情防控和经济社会发展，统筹发展和安全，把稳增长放在突出位置，着力保市场主体，推动中央各项要求和国务院稳住经济一揽子 33 条措施落地实施，经济运行呈现平稳增长态势。但同时，经济恢复基础仍不牢固，近期防疫政策放开后对经济的短期冲击需要关注，有效需求总体偏弱，促消费扩投资仍面临较多制约，企业生产经营仍面临较多困难，预计 2022 年第四季度至 2023 年上半年全市经济增长压力仍然较大。厦门市经济运行呈现以下主要特征。

1. 经济增速放缓，第二产业企稳回升

前三季度，全市实现地区生产总值 5 686.72 亿元，比上年同期增长 5.9%，增速较上年同期低 4.1 个百分点。主要经济指标增长态势持续放缓，呈低位趋稳态势。经济运行中新动能逐渐起到支撑作用，新能源相关产业发展较快，服务业触底回升态势明显。其中，第一产业增加值 20.25 亿元，同比增加 4.4%；第二产业增加值 2 231.89 亿元，同比增加 6.0%，较第二季度增速提高 0.5 个百分点；第三产业增加值 3 434.58 亿元，同比增加 5.7%，较第二季度增速提高 0.3 个百分点。

2. 固定资产投资稳步增长，大项目带动作用明显

1~10 月，全市完成固定资产投资 2 558.09 亿元，比上年同期增长 10.1%。从产业投资看，全市第二产业、第三产业分别完成投资 505.85 亿元和 2 051.43 亿元，分别增长 27.5% 和 6.5%，拉动全市投资增长 4.7 个和 5.4 个百分点。第二产业中，制造业投资保持较高速增长，完成投资 449.08 亿元，增长 28.7%，占全市投资的 17.6%，拉动全市投资增长 4.3 个百分点。全市计划总投资超 10 亿元的项目 135 个，占项目投资的 64.6%，项目带动作用凸显。

3. 市场消费持续增长，网络零售增势良好

1~10 月，全市实现社会消费品零售额 2 244.52 亿元，增长 4.6%。社会消费经历了 2021 年的快速恢复式增长后呈稳定低速增长态势，虽在春节消费高峰后受疫情影响，第二季度增速有所下降，但进入第三季度后逐步正常。限额以上企业实现零售额 1 399.06 亿元，增长 9.5%。从具体类别看，粮油食品烟酒饮料类、衣着类、燃料类分别增长 13.8%、8.9%、26.6%。网络零售增势良好，全市限额以上企业通过公共网络实现零售额 561.20 亿元，增长 20.6%。

4. 工业生产企稳回升，战略性新兴产业引领增长

1~10 月，全市规模以上工业增加值 2 067.28 亿元，同比增长 6.6%，增速低于近三年年均增速 26%。工业稳定增长的支撑点有二。一是重点行业增速明显加快。新能源、新基建等需求旺盛带动相关行业较快增长，计算机、通信和其他电子设备制造业同比增长 6.8%，拉动规模以上工业增加值同比增长 2.2 个百分点；电气机械和器材制造业增加值同比增长 18.9%，拉动规模以上工业增加值同比增长 1.2 个百分点。二是新增企业带动作用增强。455 家新增（含"下转上"）企业拉动规模以上工业总产值同比增长 2.4 个百分点，其中 32 家新增企业产值规模已超亿元，有力提振全市工业增长。

5. 金融市场运行平稳，财政收入逐月回暖长

至 10 月末，全市中外资金融机构本外币存款余额 15 948.11 亿元，增长 7.8%，较上

年同期增速低 10.4 个百分点；中外资金融机构本外币贷款余额 16 983.94 亿元，增长 12.8%，较上年同期增速低 2.8 个百分点。

1~10 月，全市一般公共预算总收入 1 397.52 亿元，同口径增长 4.5%。其中，地方一般公共预算收入 849.27 亿元，同口径增长 6.5%。1~10 月，全市一般公共预算支出 808.43 亿元，增长 5.5%。金融支出、科学技术支出、卫生健康支出增长较快，分别增长 1.3 倍、26.7% 和 31.8%。

6. 居民收入持续增加，农村居民收入增长较快

前三季度，全市居民人均可支配收入 53 846 元，较上年同期增加 3 155 元，同比增长 6.2%。其中，城镇居民人均可支配收入 55 461 元，较上年同期增加 2 899 元，同比增长 5.5%；农村居民人均可支配收入 26 875 元，较上年同期增加 1 835 元，同比增长 7.3%。整体看，居民人均收入与地区生产总值增长同步。

7. 居民消费价格温和上涨，燃料类价格涨幅扩大

前三季度，全市居民消费价格比 2021 年同期上涨 1.7%，比上半年提高 0.3 个百分点。其中服务项目价格同比上涨 1.2%；八大类居民消费品中交通通信类涨幅最大，同比上涨 5.0%，其中交通工具用燃料类价格同比上涨 24.4%。

（二）厦门市房地产市场概况

厦门市房地产市场自 2021 年第二季度以来持续下行，房地产销售面积持续低迷，于第三季度成交创近年来新低，房企拿地意愿出现松动，购房人出现观望等待情绪，整体看，厦门市房地产市场尚无明显回暖迹象。

1. 房地产开发投资情况

如图 4.48 所示，1~10 月，厦门市房地产累计开发投资 949.54 亿元，同比增长 4.0%。自 4 月以来增速呈逐月下行态势，预计全年能维持正增长，投资完成额与上年相当。其中，建安投资 255.42 亿元，同比增长 4.3%；土地购置费 566.99 亿元，同比增长 3.9%。

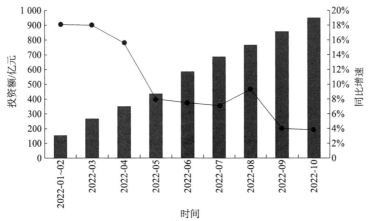

图 4.48　厦门市 2022 年 1~10 月房地产累计开发投资额及同比增速

资料来源：厦门市统计局

2. 房地产开发建设情况

如图 4.49 所示，截至 2022 年第三季度，厦门市商品房批准预售面积为 127.6 万平方米，与 2021 年同期相比下降 38%。其中岛内新增供应面积 30.0 万平方米，岛外新增供应面积 97.5 万平方米。2022 年前三季度商品房批准预售面积同比增速均为负值，第三季度降幅有所收窄。

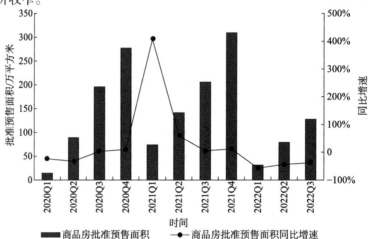

图 4.49　厦门市 2020 年第一季度至 2022 年第三季度商品房批准预售面积及同比增速

资料来源：厦门市统计局

3. 商品房销售情况

如图 4.50 所示，2022 年前三季度，厦门市商品房累计销售面积 127.8 万平方米，同比下降 58%，自 2021 年第二季度以来连续下降五个季度，第三季度销售量仅为 2021 年第二季度销售量的 31%。其中岛内（思明区和湖里区）新建商品住宅面积为 22.7 万平方米，全市占比 18%；岛外新建商品住宅面积为 105 万平方米，全市占比 82%。9 月末，厦门市住宅待售面积 751.88 亿元，同比增长 55.5%。

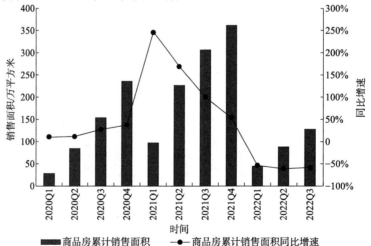

图 4.50　厦门市 2020 年第一季度至 2022 年第三季度商品房累计销售面积及同比增速

资料来源：厦门市统计局

2022年前三季度，厦门市二手住宅交易面积173.8万平方米，同比下降41%。交易套数为16 946套，同比下降44%。二手住宅交易自2021年第三季度大幅下跌后基本维持在5 000~6 000套的季度成交量。从区域来看，其中岛内（思明区和湖里区）二手住宅交易面积为86万平方米，占比49%；岛外二手住宅交易面积为87.7万平方米，全市占比51%。从户型面积来看，中小户型为市场交易的主流，90平方米以下户型交易7 958套，占比47%，其次为90~144平方米户型，交易套数为6 896套，占比41%。

4. 商品房交易价格

国家统计局数据显示，2022年10月，厦门新建商品住宅成交价格同比下跌3.9%，连跌6个月；环比下跌0.7%，连跌4个月；二手住宅成交价格同比下跌1.4%，环比下跌0.4%，同比环比均下跌4个月。整体看，厦门市房地产市场仍处于下跌的趋势之中（图4.51）。

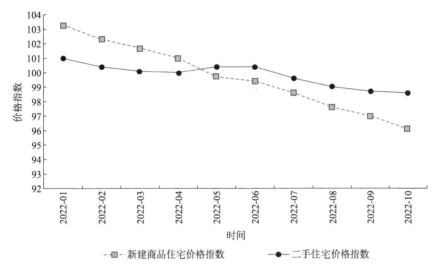

图4.51　厦门市2022年1~10月商品房价格指数（上年同期=100）

资料来源：国家统计局

（三）政策建议

1. 便利房地产市场交易，促进市场平稳健康发展

坚决贯彻落实2022年中央经济工作会议要求，确保房地产市场平稳发展，扎实做好"保交楼、保民生、保稳定"各项工作，提振居民置业信心。要充分认知到房地产行业的重要性，充分释放房地产市场发展的带动力，充分释放住房消费的潜力，积极落实中央精神，尽快放宽购房条件，降低首付成数，下调居民住房贷款利率，促进房地产市场稳定发展。

2. 深化房地产领域供给侧结构性改革，持续改善群众居住质量

积极推进房地产行业的发展新模式，围绕建立多主体供应、多渠道保障、租购并举的住房制度，从供需两端发力进行调控。对不同需求分类施策，做到低端有保障、中端

有支持、高端有市场，确保居民居住需求得到全面满足。加强保障房建设，特别是租赁用房的建设。根据城市发展及人口居住实际需求，细化住房保障准入标准和供应方式。确保保障性住房用地供应，完善保障性住房用地规划布局。按照供需匹配的原则，在确保保障性住房供应总量的前提下，完善商品房配建保障性住房政策。借助信息化手段，完善申请审核机制、审核流程。优化供后管理制度，完善社区治理，建立违规违约行为的分类处理机制。

3. 积极推动城市更新，盘活存量加快发展

实施城市更新行动，转变城市开发建设和经济增长方式。对城镇区域中的旧城、旧村、旧工业区等片区进行提升改造，可以盘活存量，补齐城市功能短板，助力产业转型升级，统筹实现城市空间结构调整、城市生态修复和功能完善、历史文化保护和城市风貌塑造、居住社区建设和改造、城市基础设施建设、产业优化升级、新产业新业态融合发展等目的。

六、郑州市房地产市场运行情况

（一）郑州市经济形势概况

2022年以来，全市上下持续推动经济高质量发展，高效统筹疫情防控和经济社会发展，果断出台并加快推动落实稳经济一揽子政策和接续措施，郑州市经济回升向好的基础进一步巩固，经济运行总体延续恢复发展态势。根据河南省地区生产总值统一核算结果，前三季度郑州市地区生产总值为9 968.4亿元，按不变价格计算，同比增长3.0%，比上半年加快0.5个百分点。分产业看，第一产业增加值159.2亿元，同比增长3.8%；第二产业增加值4 117.7亿元，同比增长5.3%；第三产业增加值5 691.5亿元，同比增长1.5%。

1. 农业经济稳中向好

前三季度，全市农林牧渔业增加值同比增长4%，比上半年加快0.3个百分点。生猪前三季度出栏量同比增长0.1%，存栏量同比下降14.0%，肉产量同比下降2.8%。

2. 工业生产持续发展

1~10月，全市规模以上工业增加值同比增长8.5%，比前三季度加快0.1个百分点。其中，采矿业增长19.1%，制造业增长8.1%，电力、热力、燃气及水的生产和供应业增长9.4%。1~10月，全市高技术制造业增加值、工业战略性新兴产业增加值、六大主导产业增加值分别增长21.7%、21.2%、9.5%。

3. 服务业增速幅度较小

前三季度，全市服务业增加值同比增长1.5%，比上半年加快0.7个百分点。1~8月，全市规模以上服务业企业营业收入同比增长1.9%。其中，信息传输、软件和信息技术服务业营业收入增长10.3%，科学研究和技术服务业营业收入增长5.7%，文化、体

育和娱乐业营业收入下降 4.5%，居民服务、修理和其他服务业营业收入下降 0.6%，教育行业营业收入下降 48.1%。

4. 固定资产投资增长较小

1~10 月，全市固定资产投资同比下降 1.2%，比前三季度回落 3.3 个百分点。分产业看，第一产业投资下降 38.5%，第二产业投资增长 40.2%，第三产业投资下降 7.0%。分领域看，工业投资同比增长 41.3%，房地产开发投资同比下降 11.2%，基础设施投资同比下降 12.6%。

5. 消费品市场较为稳定

1~10 月，全市社会消费品零售总额 4 383.6 亿元，同比下降 1.7%，比前三季度回落 1.1 个百分点。按经营单位所在地分，城镇消费品零售额 3 966.0 亿元，同比下降 1.7%；乡村消费品零售额 417.6 亿元，同比下降 1.5%。10 月，全市社会消费品零售总额 433.8 亿元，同比下降 10.1%。其中，限额以上单位零售额同比下降 45.2%。

6. 财政收支变化较小，对外贸易增长明显

1~10 月，全市地方一般公共预算收入 1 029.8 亿元，同比下降 3.9%，扣除留抵退税因素，同比增长 0.5%。财政一般公共预算支出 1 239.9 亿元，同比增长 4.4%。截至 10 月末，全市金融机构本外币存款余额 29 845.8 亿元，同比增长 10%；金融机构本外币贷款余额 34 635 亿元，同比增长 7.6%。

1~10 月，全市进出口总值（海关口径）5 139.1 亿元，同比增长 17.4%。其中，进口 2 073 亿元，同比增长 18.9%；出口 3 066.1 亿元，同比增长 16.4%。

7. 消费价格增长较小

1~10 月，居民消费价格同比上涨 1.2 个百分点。分类别看，交通和通信上涨 4.9%，教育文化和娱乐上涨 3.6%，衣着上涨 1.4%，生活用品及服务上涨 1.5%，其他用品和服务上涨 1%，医疗保健上涨 0.3%，食品烟酒增长 1.2%，居住下降 1.5%。

总体来看，1~10 月全市主要经济指标保持在合理区间、稳中有进。同时也要看到，新一轮疫情冲击较大，经济恢复节奏再次被打乱，经济持续恢复基础不稳固，经济运行还存在不少困难和问题。为完成 2022 年经济社会发展目标任务，全市上下要坚持以习近平新时代中国特色社会主义思想为指导，深入学习贯彻落实党的二十大精神，全面贯彻"疫情要防住、经济要稳住、发展要安全"重大要求，深入落实市委、市政府工作部署，全力以赴解难题、抢机遇、促发展，确保全市经济运行在合理区间。

（二）郑州市房地产市场概况

1. 房地产开发投资情况

郑州市 2022 年房地产开发投资同比增速截至目前收集至前 7 月的数据，由图 4.52 可看出，同比增速波动较为明显，整体呈下降趋势。自 3 月郑州市房地产开发投资同比增速达到最高 9.3% 之后持续下降，在 7 月低至 -3.1%。说明郑州市房地产开发投资市场在 2022 年前 7 月较为低迷。

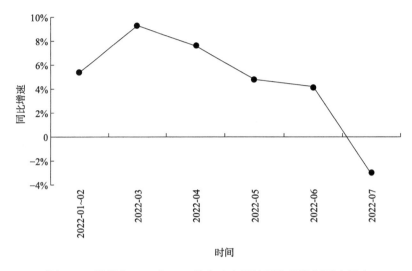

图 4.52　郑州市 2022 年 1~7 月房地产累计开发投资额同比增速

资料来源：同花顺 iFinD

2. 房地产建设情况

从商品房累计批准预售面积层面来分析郑州市 2022 年房地产建设情况，截至 10 月，郑州市商品房累计批准预售面积为 682.4 万平方米，与 2021 年相比降低了 62.5%，其中住宅累计批准预售面积为 586.8 万平方米，与 2021 年相比降低了 61.3%。由图 4.53 可看出，1~10 月商品房累计批准预售面积同比增速均为负值，自 1 月开始逐月下降至 6 月的最低值−67%，在 7、8 月有所回升。其中住宅累计批准预售面积同比增速与商品房的变化趋势一致，在 3 月之后趋向重合。

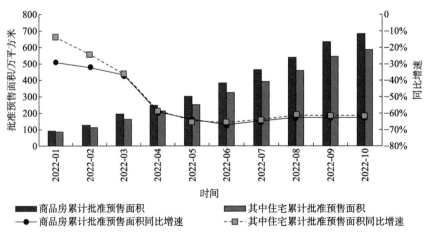

图 4.53　郑州市 2022 年 1~10 月商品房累计批准预售面积及同比增速

资料来源：郑州市住宅与房地产业协会

3. 商品房销售情况

2022 年 1~8 月，郑州市房地产销售市场也不容乐观，与 2021 年相比，除 1 月外其余月份的同比增速均落在负值区间，分析认为，可能受疫情影响，郑州市2021年1月的房地产销售面积过小，导致 2022 年 1 月房地产销售面积同比增速为较大的正值。截至2022 年 8 月，商品房累计销售面积为 813.1 万平方米，同比下降 36.3%，其中住宅累计销售面积为 661.3 万平方米，同比下降 93.8%，由图 4.54 可看出，商品房累计销售面积和其中住宅累计销售面积的同比增速变化趋势相同，但二者的差距却逐渐增大。

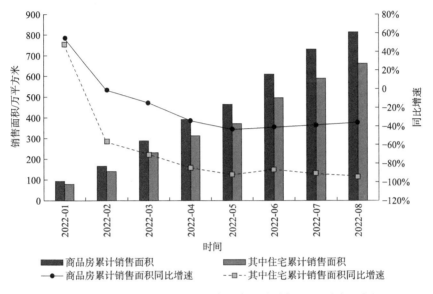

图 4.54　郑州市 2022 年 1~8 月商品房累计销售面积及同比增速
资料来源：郑州市住宅与房地产业协会

4. 商品房交易价格

受商品房销售市场低迷的影响，商品房交易价格整体也呈下降趋势。从图4.55中可以看出，新建商品住宅价格指数和二手住宅价格指数波动趋势相同，均平缓下降。与2021 年同期相比（上期同期=100），新建商品住宅价格在 3 月之后低于上年同期价格水平，二手住宅价格在 2 月之后开始低于上年同期价格水平。

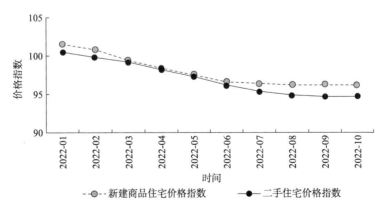

图 4.55　郑州市 2022 年 1~10 月新建商品住宅及二手住宅价格指数（同比）
资料来源：国家统计局

以环比视角来看，新建商品住宅和二手住宅价格指数整体无明显波动，价格趋向稳定。如图 4.56 所示，除 7 月新建商品住宅价格指数（上期同期=100）增长了 0.3% 之外，其余时间新建商品住宅和二手住宅价格指数均在 100 以下，说明其价格在不断降低。

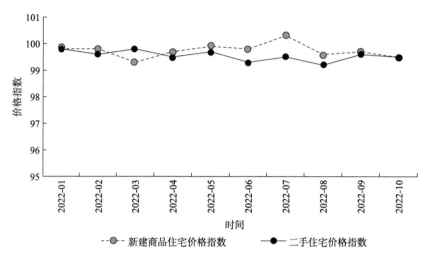

图 4.56　郑州市 2022 年 1~10 月新建商品住宅及二手住宅价格指数（环比）
资料来源：国家统计局

（三）政策建议

1. 坚持"房住不炒"原则，促进居民合理住房需求的积极释放

2022 年以来，受房地产金融政策收紧和多轮疫情冲击影响，郑州市出现部分房地产资金链偏紧、项目逾期难交付的问题。为了推动房地产市场回归健康发展轨道，进入良性循环，郑州市应多措并举、综合施策，用足用好国家政策性开发性金融工具，全力稳民生稳预期，如申请中央专项借款、协调银行配套融资、设立纾困基金等。或者调整首付比例，进一步降低个人贷款利率；支持金融机构优化新市民住房金融服务，提升借款还款便利度。

2. 加大对房企的资金支持，稳定企业信心

首先，央企、省属国有企业、各大房企可以通过股权投资对问题房企进行产权重组、管理重组、提供资金支持。金融机构加大信贷产品研究，利用直接间接投资，提供并购资金，帮助问题企业摆脱经营、财务、管理等困境，恢复经营能力和偿债能力。各大金融机构落实国家相关要求，作为战略投资人参与对问题项目、问题企业的重整。其次，各大金融机构参与各问题项目债委会工作，不抽贷，不压贷，不断贷，对问题项目展期延期，实现金融债权与保交房工作的双赢。最后，建议地方灵活制定监管规则，维护购房者权益、稳定市场预期的同时，提高企业资金使用效率，保障上下游供应商合法权益，稳定市场信心，畅通上下游资金链。

3. 维护保障性租赁住房模式

随着中原科技城对高端人才的吸引和集聚，郑州市新增 20 万大学生就业，为解决新市民的住房需求。郑州市要继续推动建立多主体供给、多渠道保障、租购并举的住房体系。一是规划新建保障性租赁住房，可考虑购买公寓或住宅现房作为人才公寓的方式。二是完善保障性租赁住房政策体系。考虑对保障性租赁住房提供的群体给予保障性租赁住房新建补贴。三是积极探索保障性租赁住房退出机制，进一步降低融资成本。此外，政府应引导各大开发企业对现有楼盘进行盘点，对于去化周期较高的项目，积极利用回购保障性租赁住房模式回笼现金流。

第五章 2022年房地产金融形势分析

第一节 房地产业融资渠道分析

2022年，疫情多地频发，多个期房项目出现交付问题等超预期因素频出，叠加居民购房需求减弱，房地产行业面临极大挑战。房地产融资政策持续放松，特别是11月以来，中国人民银行、中国银行保险监督管理委员会发布《关于做好当前金融支持房地产市场平稳健康发展工作的通知》（"金融16条"），交易商协会官网发文表示支持包括房地产企业在内的民营企业发债融资，中国证券监督管理委员会决定在股权融资方面调整优化五项措施，信贷、股权、债券"三箭齐发"，协力支持优质房企融资。由此可见，监管对房企融资态度发生根本转向，纾困方向从此前"救项目"转换至"救项目与救企业并存"，房企的融资环境得到优化。

一、商业性房地产贷款

如图5.1所示，截至2022年第三季度末，房地产开发贷款余额12.67万亿元，同比增长2.2%，增速比上半年高2.4个百分点，比上年末高1.3个百分点，其中住宅开发贷款余额为9.5亿元，同比下降1.1%。受到"三道红线"等政策影响，房地产开发贷款余额同比增速持续下降，但2022年房地产领域信用局部过紧的现象逐渐被矫正，房地产融资环境得到改善，房地产开发贷款同比增速有所回升，住宅开发贷款余额同比增速下跌趋势企稳。

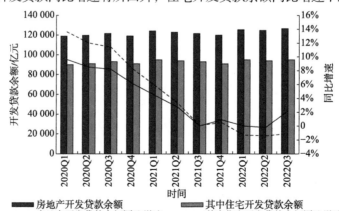

图5.1 全国2020年第一季度至2022年第三季度房地产开发贷款余额及同比增速

资料来源：国家统计局

中国人民银行通过年内的两次降准，为金融机构支持民营企业提供了长期、成本适当的资金。特别是在"金融 16 条"出台以来，国有六大行陆续向优质房企提供万亿级授信额度支持房企融资，半年内到期的开发贷、信托贷可展期一年，改善了房企的信贷融资环境。

信贷资金也是托底"保交楼"的重要资金支撑。2022 年 7 月 28 日，中央政治局会议强调要"压实地方政府责任，保交楼、稳民生"。8 月，住房和城乡建设、财政部、中国人民银行等多部委联推 2 000 亿元政策性银行专项借款，截至目前保交楼专项借款资金已基本投放至项目。11 月 21 日，中国人民银行表示，将面向 6 家商业银行提供 2 000 亿元再贷款，为商业银行提供零成本资金，以鼓励其支持保交楼工作。

二、股市融资

对于上市房企，股市融资是重要资金来源，主要为权益性融资，包括配股、增发、可转换企业债券、优先股等。11 月 28 日，中国证券监督管理委员会决定在上市房企股权融资方面调整优化五项措施，包括恢复涉房上市企业并购重组及配套融资、恢复上市房企和涉房上市企业再融资、调整完善房地产企业境外市场上市政策、进一步发挥 REITs 盘活房企存量资产作用、积极发挥私募股权投资基金作用，"第三支箭"股权融资正式落地。股权融资或将成为房企融资的重要渠道，更多上市的优质房企或将通过增发、配股等途径进行融资。理想情况下，随着股权融资规模不断扩容，既能缓解房企融资困境，又能降低企业整体负债率水平，甚至还能构建风险共担机制，在一定程度上降低企业偿债风险。

房地产行业的严监管提高了企业融资门槛，使得行业内融资出现分化，资金流向向财务稳健、综合实力更强的房企倾斜。随着我国城镇化进程的不断推进和经济水平的稳步提升，消费者需求更加多元，商业地产迎来新的发展机遇，上市房企通过优化产品结构和业态组合适应消费需求升级，打造具有文化特色的商业地产，并凭借自身的商业开发管理及运营能力，输出管理与服务，加速布局扩张，建立核心竞争力。

根据《2022 房地产上市公司测评研究报告》，10 强上市房企排名出现变化。其中，万科继续蝉联榜首；保利发展、中国海外发展位列第二、三名，排名较上年均有提升；碧桂园位列第四名；华润置地、龙湖集团、招商蛇口、新城控股分列第五、六、七、八名，排名较上年均有提升；金地集团、旭辉控股集团位列第九、十名，为 2022 年新晋 10 强。

三、房地产信托

虽然新冠疫情给我国经济带来了较大的冲击，但是中央在房地产调控方面保持了相当强的定力，各地房地产调控政策并未放松。中国人民银行和住房和城乡建设部在第三季度选择了部分重点房企试点进行融资的"三道红线"管控，以此探索建立对房地产企业融资进行持续监控的机制。第三季度，在中央坚持"房住不炒"的定位的基础上，信托业继续积极配合国家在房地产调控方面的各项金融政策，持续压缩债权融资类房地产信托业务的规模，调整优化业务结构，升级业务模式。截至 2020 年第三季度末，投向房地产领域的信托资金总额为 2.38 万亿元，较上年末下降 3 262.01 亿元，降幅达 12.06%；较 2020 年第二季度末下降 1 234.42 亿元，环比下降 4.94%。自 2019 年第二季度以来，为了严格落实"房住不炒"，保障"稳房价、稳地价、稳预期"，中国银行保险监督管理委员会持续加强房地产信托合规监管，投向房地产的信托资金余额已经连续五个季度下降，2020 年第三季度末投向房地产的资金信托规模较 2019 年第二季度末的最高峰值下降了 5 516.60 亿元，降幅达 18.83%。从占比来看，2020 年第三季度末，房地产信托占比为 13.8%，比 2019 年末和 2019 年第二季度末分别下降 1.27 个和 1.58 个百分点。这些都说明信托行业在落实房地产宏观调控政策上取得了明显的成效，这有助于促进房企降杠杆，保障房地产市场平稳健康发展。

近几年，受房住不炒、规范房地产融资、房地产领域风险暴露等因素影响，资金信托投向房地产的规模和占比呈现下降趋势。截至 2022 年第三季度末，投向房地产的资金信托规模为 1.28 万亿元，同比下降 0.67 万亿元，降幅 34.20%，环比下降 9.49%；较 2021 年末规模降低 27.30%；在资金信托中所占比重下降至 8.53%，同比降低 3.89 个百分点。如图 5.2 所示，2022 年 3~10 月，房地产信托发行规模呈下降趋势。同时，如图 5.3 所示，房地产信托产品平均预期收益率 7~10 月呈明显的下行趋势。但由于 11 月密集推出了各项房地产行业的积极政策，房地产信托发行规模及平均预期收益率均有所回升，其中发行规模环比增长 61.50。

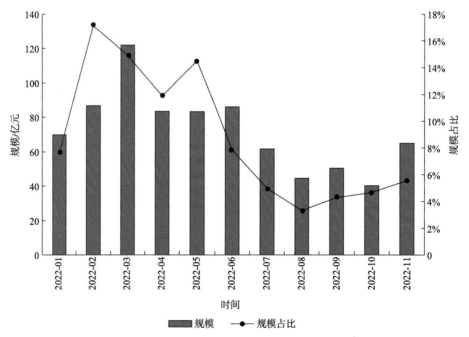

图 5.2　2022 年 1~11 月房地产信托产品发行规模和占比

资料来源：用益金融信托研究院

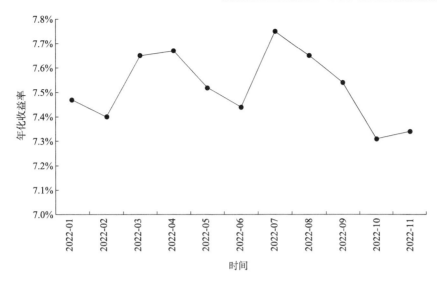

图 5.3   2022 年 1~11 月房地产信托产品平均预期年化收益率

资料来源：用益金融信托研究院

随着疫情政策的放松以及对"保交楼"的大力推动，居民的购房需求、购房信心有望得到边际改善，叠加"三支箭"对于房企融资环境的改善，房地产市场将逐步回暖，能够有效缓释当前房地产信托业务风险为出险项目处置提供窗口期，也对未来房地产相关业务的有序发展创造良好空间。

房地产行业是国民经济的重要支撑，健康合理的房地产业有助于国民经济的持续健康发展。房地产信托一直以来是信托公司的重要业务，也是信托业务收入的重要来源。投资者投资房地产信托时应持谨慎的态度。首先应该注意资金投放区域，一般而言，一线城市或比较好的二线城市，特别是前期房地产泡沫不太高的二线城市，安全性较高；其次是看融资方，首选全国性、品牌好的、经营稳健的开发商；最后还要看信托公司采取的风控措施是否严密和有力等。

第二节   房地产企业经营状况分析

2022 年政府工作报告提出，坚持"房住不炒"总体定位，同时提出探索新的发展模式，坚持租购并举，加快发展长租房市场，推进保障性住房建设，支持商品房市场更好满足购房者的合理住房需求，稳地价、稳房价、稳预期，因城施策促进房地产业良性循环和健康发展。纵观当前宏观经济和房地产市场态势，房地产市场已经进入存量与增量双轨并行发展阶段，并逐步告别规模化开发阶段，迈入专业化发展时代，在房地产行业新旧模式转化的背景之下，各大房企将普遍尝试商业模式重构，实现高质量发展。

一、房地产企业盈利状况分析

净利润是衡量企业经营效益的一个重要指标，它表现的是企业在一个会计年度中的最终经营成果。因此，本节通过净利润指标对 2022 年前三季度房地产上市企业的盈利状况进行分析。根据已公布前三季度财报的115家境内房地产上市企业净利润披露数据，得到 2022 年前三季度净利润分布，如图 5.4 所示。此外，2022 年前三季度净利润为正的企业有 76 家，2021 年前三季度是 85 家；净利润为负的企业则有 39 家，2021 年前三季度是27 家。净利润为正的房地产上市企业占比达66.09%，较 2021 年同期的 76.0%有所下降。可以看到，2022 年与 2021 年相比，房地产行业延续萧条，利润呈现下行趋势。究其原因，主要有两点：第一，行业监管不断收紧，房企自身杠杆率过高，偿债压力过大；第二，2022 年，房企不断暴雷，导致市场信心不足，市场降温，造成恶性循环。

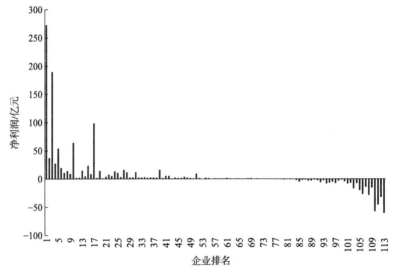

图 5.4　境内房地产上市企业 2022 年前三季度净利润分布
图中企业按照每股收益由高到低排序
资料来源：同花顺数据库

图 5.5 为2022 年前三季度净利润排名前十的境内房地产上市企业，可以看出其盈利状况呈现不同程度的变动。在 2022 年前三季度中，排名前十的房地产企业中，有八家净利润同比增速为负值，分别为金地集团、新城控股、保利发展、华发股份、招商蛇口、南京高科、绿地控股、新湖中宝。其中，利润同比增速下降最为明显的是新城控股，同比下降45.72%；其次是绿地控股、招商蛇口及新湖中宝，同比下降35.17%、27.25%及 22.06%；降幅较小的是金地集团、华发股份、南京高科及保利发展，同比下降 6.57%、4.56%、3.55%及 2.72%。排名前十的房地产企业中，只有两家净利润同比增速为正值，分别为万科 A 和滨江集团，同比增长 10.73%和1.81%。就房地产上市企业盈亏面来看，2022 年净利润同比上升的企业有 38 家，同比下降的企业有 77 家，净利润同比上升的企业占 33.04%，与 2021 年的比例 35.7%相比，行业整体营利能力有所下降。

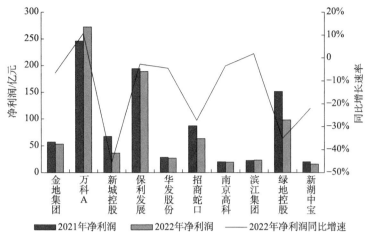

图 5.5 2022 年前三季度净利润排名前十的房地产企业净利润及同比增速

图中企业按照每股收益由高到低排序

资料来源：同花顺数据库

二、房地产企业营利能力分析

营业利润率是销售收入扣减商品销售成本和一些营业费用后的余额占销售收入的比例，它衡量了营业利润占营业收入的比重，反映了企业营利能力的高低。因此，我们以营业利润率为主要指标分析了已公布相关数据的 115 家房地产上市企业经营状况，如图 5.6 所示。相比 2021 年同期，2022 年前三季度我国 66.09% 的房地产上市企业营业利润率有所下降，部分房地产出现增幅较大和较小的态势，如空港股份的营业利润率较 2021 年上涨 777.88%，皇庭国际的营业利润率较 2021 年下降 2 114.23%。总体来看，房地产上市企业营业利润率上升与下降的家数之比是 39∶76，营业利润率上升企业占 33.91%。

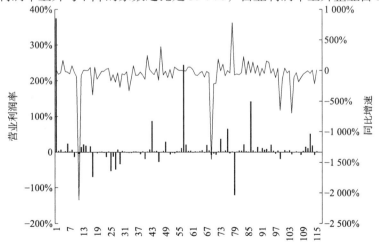

图 5.6 2022 年前三季度房地产企业营业利润率及同比增速

图中企业按照每股收益由高到低排序

资料来源：同花顺数据库

净资产收益率又称股东权益报酬率或净资产利润率，是税后利润除以净资产的百分比，该指标反映股东权益的收益水平，用来衡量企业运用自由资产获得净收益的能力，反映了企业自有资本的利用效率。本章用净资产收益率衡量企业营利能力，如图 5.7 所示，2022 年前三季度 115 家房地产上市企业的摊薄净资产收益率，同比上升与下降的企业家数之比为 74∶41。房地产行业整体摊薄净资产收益率上升与下降企业家数较 2021 年基本保持稳定。

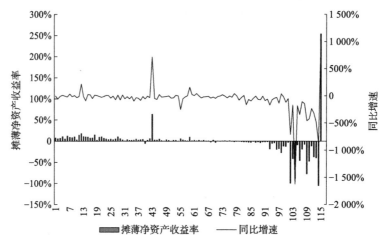

图 5.7　2022 年前三季度摊薄净资产收益率及同比增速

图中企业按照每股收益由高到低排序

资料来源：同花顺数据库

投资者通常根据每股收益，衡量普通股的获利水平以及投资者对该股票的未来预期情况。图 5.8 为 2022 年前三季度 115 家房地产上市企业的每股收益及同期变动情况。2022 年前三季度房地产上市企业每股收益分布区间为-3.94~2.34 元/股，分布区间较 2021 年前三季度的-3.34~3 元/股有所分化，房地产企业分化状况日益缩减。

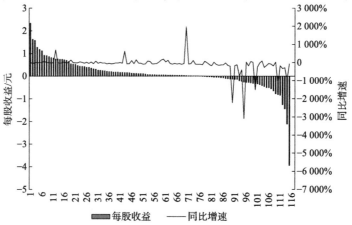

图 5.8　2022 年前三季度每股收益及同比增速

图中企业按照每股收益由高到低排序

资料来源：同花顺数据库

表 5.1、表 5.2 分别为 2022 年、2021 年前三季度每股收益排名前十的房地产企业。相较于 2021 年同期，2022 年各房地产上市企业每股收益略有下降。传统大型房地产企业及中小型房地产企业的每股收益普遍出现下降，且大型房地产企业下降速度更快，房地产企业股权收益差距继续缩小，说明房地产企业表现出平均权益持稳及趋同的态势。

表 5.1 2022 年前三季度每股收益排名前十的房地产企业　　　　单位：元

上市企业	每股收益
万科 A	2.34
新城控股	1.63
保利发展	1.58
华发股份	1.27
金地集团	1.18
南京高科	1.12
浦东金桥	0.92
中新集团	0.91
中国国贸	0.86
招商蛇口	0.82

资料来源：同花顺数据库

表 5.2 2021 年前三季度每股收益排名前十的房地产企业　　　　单位：元

上市企业	每股收益
新城控股	3.00
万科 A	2.12
保利发展	1.62
华发股份	1.33
深物业 A	1.28
金地集团	1.26
南京高科	1.16
金科股份	1.14
招商蛇口	1.13
绿地控股	1.08

资料来源：同花顺数据库

三、房地产企业资金链状况分析

房地产企业的资金状况变化对房地产及关联行业贷款风险、房地产信托兑付风险等产生显著影响。

资产负债率是衡量企业负债水平及风险程度的重要指标，一般认为资产负债率的适宜水平是 40%~60%，但不同行业的资产负债率水平各有不同。对于房地产企业而言，前期投资非常大，正常的范围在 60%~70%，最高不得超过 80%。如果资产负债率过高，企业的经营就会面临巨大的风险，从长期来看，可能会导致企业资不抵债，最终破产。目前房地产行业企业平均资产负债率整体呈波动下降的趋势，如图 5.9 所示，2020~2022 年第三季度资产负债率处于 66.26%~68.22%区间，2020 年资产负债率先降后升，2021~2022 年第三季度资产负债率下降趋势明显。

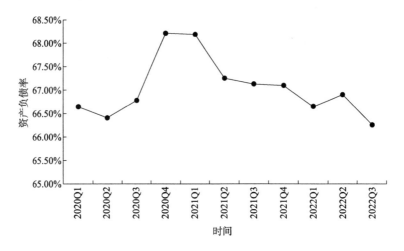

图 5.9　2020 年第一季度至 2022 年第三季度房地产上市企业平均资产负债率情况

资料来源：同花顺数据库

速动比率反映了企业的短期偿债能力，一般用来衡量企业流动资产可以立即变现用于偿还流动负债的能力。图 5.10 为 112 家房地产上市企业的平均速动比率，由图可知，2020 年以来，房地产行业的平均速动比率处于 0.57%~0.69%区间，整体呈波动下降趋势，说明其短期偿债能力下降。2021~2022 年下降趋势明显，从 2021 年第一季度的 0.68%下降到 2022 年第三季度的 0.57%。整体来说，房地产行业企业速动比率呈现下降趋势，短期偿债能力逐步减弱，在资金流不足的情况下抵御破产风险的能力在逐渐减弱。

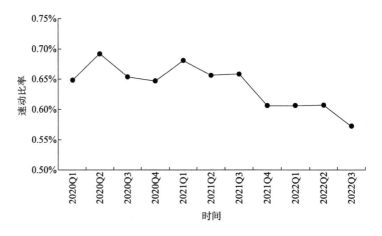

图 5.10　2020 年第一季度至 2022 年第三季度房地产上市企业平均速动比率情况

资料来源：同花顺数据库

流动比率是流动资产与流动负债的比率，用来衡量企业流动资产可以变现用于偿还短期负债的能力，图 5.11 为 112 家房地产上市企业平均流动比率，由图可知，2020 年以来，房地产企业的平均流动比率呈现波动下降的趋势，短期偿债能力下降。

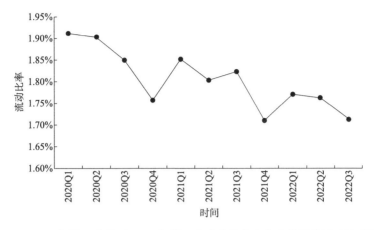

图 5.11　2020 年第一季度至 2022 年第三季度房地产上市企业平均流动比率情况
资料来源：同花顺数据库

每股经营现金流量是企业经营活动所产生的现金流入与经营活动的现金流出的差额占总流通股本的比值。该指标主要反映平均每股所获得的现金流量，是上市企业在维持期初现金流量的情况下，有能力发给股东的最高现金股利金额，反映企业在实际经营中运用资本创造现金的能力。图 5.12 为房地产上市企业平均每股经营现金流量净额。2021 年第二季度，房地产企业每股经营活动产生的现金流量净额实现由负转正，并在第四季度达到近两年最高值，为 1.14 元。2022 年第一季度为负值，但后两个季度又持续增长至正值，这表明目前的房地产市场运用自有资本进行经营活动产生的现金流量净额有所回升。

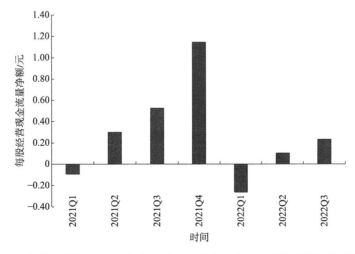

图 5.12　2021 年第一季度至 2022 年第三季度房地产上市企业平均每股经营现金流量净额
资料来源：同花顺数据库

总体来说，2022 年房地产企业的整体销售与盈利状况较 2021 年相比有所下降，具体表现在不同规模的房地产企业均呈现不同程度利润下滑态势，行业延续萧条。另外，房地产上市企业的每股收益区间较 2021 年同期有所收缩，行业分化状况日益缩减。2022 年，房地产企业的偿债能力和资金链状况较 2021 年有所下降。但随着我国房地产相关利好政策频出，信贷、债券、股权融资途径均落实积极政策，房企融资环境得到改善。叠加防疫政策得到放松，保交楼工作大力推进，使得居民购房能力和信心均可能改善。这些均可能在 2023 年促使房企偿债能力与资金链状况好转。

第三节　房地产金融产品运行分析

作为资金密集型行业，房地产行业对金融行业的依赖程度较高，但在去杠杆的背景下，商业银行额度收紧，资金成本上涨，传统融资渠道受限，如何开拓新的融资渠道并获得足够的资金支持，从而保证投资项目得以顺利进行，成为房地产企业关注的重要课题。房地产证券化是当代经济、金融证券化的典型代表，对于资金密集型的房地产行业来说，资产证券化能够盘活存量资产，降低融资成本，为房地产企业提供一种更加便捷、高效、灵活的融资途径。基于此，对我国的房地产金融产品的运行情况进行回顾和分析。

2005 年 12 月 15 日，"建元 2005-1 个人住房抵押贷款支持证券"由中国建设银行发起，作为国内首单个人住房抵押贷款证券化产品正式进入债券市场。后受次贷危机影响，国内暂停发行资产证券化产品，个人住房抵押贷款支持证券也因此暂停发行。直到 2012 年信贷资产证券化重启，随着 2014 年 9 月央行《关于进一步做好住房金融服务工作的通知》发布，个人住房抵押贷款支持证券市场逐渐回暖并实现了快速发展，于 2017 年超越企业贷款资产支持证券成为银行间市场中发行规模最大的资产证券化产品。2018 年至 2021 年的四年间，个人住房抵押贷款支持证券的发行总额均在 4 000 亿元以上。

受疫情反复和房地产行业风险暴露的影响，个人住房抵押贷款资产证券化产品的发行规模相较往年出现明显下滑。如表 5.3 所示，2022 年 1~11 月个人住房抵押贷款支持证券仅发行 3 单，发行总额为 245.41 亿元，发行规模相较于 2021 年下降幅度接近 95%，总单数和发行总额均为 2015 年以来的新低。

表 5.3　2022 年个人住房抵押贷款支持证券发行情况一览表

项目名称	发起机构	发行总额/亿元	计息起始日	法定到期日	发行人	主承销商
中盈万家 2022-1	中国银行股份有限公司	130.74	2022-02-11	2045-09-26	建信信托	中金公司、中国工商银行、招商证券
工元乐居 2022-1	中国工商银行股份有限公司	81.21	2022-02-11	2048-11-26	华能贵诚信托	兴业银行、中信证券、海通证券
邮元家和 2022-1	中国邮政储蓄银行股份有限公司	33.46	2022-01-27	2037-10-26	交银国际信托	光大证券、中金公司、海通证券、华泰证券

资料来源：Wind 数据库、同花顺数据库

从发行机构来看，如表 5.3 所示，2022 年 1~11 月，我国共有 3 家银行参与个人住房抵押贷款支持证券的发行，即中国银行、中国工商银行和中国邮政储蓄银行，其中发行总额最高的是中国银行，占所有个人住房抵押贷款支持证券发行总额的 53.28%。

下文将分别介绍中盈万家 2022-1、工元乐居 2022-1、邮元家和 2022-1，以分析个人住房抵押贷款支持证券的发行和运行情况，并探讨 REITs 的发行情况。

一、中盈万家 2022-1 个人住房抵押贷款支持证券

1. 证券发行情况

中盈万家 2022-1 债券全称为中盈万家 2022 年第 1 期个人住房抵押贷款支持证券，是中国银行发起的 2022 年第 1 期个人住房抵押贷款支持证券，发行规模为 1 307 436.81 万元。中盈万家 2022-1 分为 22 中盈 1A1、22 中盈 1A2、22 中盈 1A3、22 中盈 1A4 和 22 中盈 1C 五个等级，分层占比分别为 16.83%、22.95%、43.07%、7.65% 和 9.51%（表 5.4）。

表 5.4　中盈万家 2022-1 个人住房抵押贷款支持证券发行情况

债券简称	评级	评级机构	发行金额/万元	当期利率	分层比例
22 中盈 1A1	AAA	标普信用/中债资信	220 000.00	2.70%	16.83%
22 中盈 1A2	AAA	标普信用/中债资信	300 000.00	2.87%	22.95%
22 中盈 1A3	AAA	标普信用/中债资信	563 100.00	3.15%	43.07%
22 中盈 1A4	AAA	标普信用/中债资信	100 000.00	3.35%	7.65%
22 中盈 1C	无评级		124 336.81		9.51%

资料来源：同花顺数据库

该项目由中国银行股份有限公司作为发起机构和委托人、建信信托有限责任公司作为受托人和发行人，委托招商证券股份有限公司作为牵头主承销商及簿记管理人，委托中国国际金融股份有限公司、中国工商银行股份有限公司作为联席主承销商，中国工商银行股份有限公司作为资金保管机构，中债资信评估有限责任公司和标普信用评级（中国）有限公司为其信用评估机构（表 5.5）。

表 5.5　中盈万家 2022-1 个人住房抵押贷款支持证券发行相关机构

机构	名称
发起机构	中国银行股份有限公司
贷款服务机构	中国银行股份有限公司
发行机构	建信信托有限责任公司
受托机构	建信信托有限责任公司
主承销商	招商证券股份有限公司、中国国际金融股份有限公司、中国工商银行股份有限公司
资金保管机构	中国工商银行股份有限公司
信用评估机构	中债资信评估有限责任公司、标普信用评级（中国）有限公司
会计师事务所	普华永道中天会计师事务所（特殊普通合伙）

资料来源：同花顺数据库

中盈万家 2022-1 初始起算日资产池中抵押贷款的总体特征如表 5.6 所示，统计了初始资产池在初始起算日的资产笔数与金额特征、利率和期限特征以及其他特征。所有加权平均和百分比数据的计算均以初始资产池在初始起算日的所有抵押贷款的本金余额为基础。

表 5.6　中盈万家 2022-1 初始起算日资产池中抵押贷款总体特征

机构	数据
入池总笔数/笔	38 639.00
资产池合同总金额/万元	1 869 215.78
单笔贷款最高合同金额/万元	1 000.00
单笔贷款平均合同金额/万元	48.38
单笔贷款最高本金余额/万元	829.09
单笔贷款平均本金余额/万元	33.84
单笔贷款最高年利率	7.45%
加权平均贷款年利率	4.81%
加权平均合同期限/月	212.04
加权平均贷款剩余期限/月	151.20
加权平均账龄/月	60.84

资料来源：同花顺数据库

2. 基础资产分析

个人住房抵押贷款支持证券以住房抵押贷款为资产池，住房抵押贷款的期限分布直接影响着资产证券化产品风险与收益的大小。中盈万家 2022-1 资产池中抵押贷款期限分布如表 5.7 所示。

表 5.7　中盈万家 2022-1 资产池中抵押贷款期限分布

合同期限分布/年	本金余额/万元	本金余额占比	资产笔数/笔	资产笔数占比
<10	153 916.33	11.77%	6 863	17.76%
10~15（含）	334 038.16	25.55%	11 778	30.48%
15~20（含）	685 979.15	52.47%	17 402	45.04%
20~25（含）	103 879.80	7.94%	1 922	4.97%
25~30（含）	29 623.38	2.27%	674	1.74%

资料来源：同花顺数据库

由表 5.7 可知，中盈万家 2022-1 个人住房抵押贷款支持证券资产池中，贷款合同期限在 25~30 年（含）的本金余额占比及资产笔数占比最低，分别为 2.27% 和 1.74%。贷款期限为 15~20 年（含）的本金余额占比及资产笔数占比最高，分别为 52.47% 和 45.04%。

中盈万家 2022-1 资产池中抵押贷款余额分布如表 5.8 所示。贷款余额 20 万~40 万元（含）和 40 万~60 万元（含）的贷款余额占比最高，分别为 30.41% 和 17.17%，而资产笔数占比最高的区间却是小于 20 万元和 20 万~40 万元（含），占比分别为 39.61% 和 36.55%。其次，贷款余额在 100 万~120 万元（含）的金额占比及资产笔数占比都是最低的，分别为 4.29% 和 1.33%。

表 5.8　中盈万家 2022-1 资产池中抵押贷款余额分布

贷款余额分布/万元	本金余额/万元	本金余额占比	资产笔数/笔	资产笔数占比
<20	202 233.28	15.47%	15 306	39.61%
20~40（含）	397 589.10	30.41%	14 124	36.55%
40~60（含）	224 543.38	17.17%	4 636	12.00%
60~80（含）	139 131.07	10.64%	2 020	5.23%
80~100（含）	89 116.01	6.82%	1 002	2.59%
100~120（含）	56 026.53	4.29%	513	1.33%
>120	198 797.44	15.21%	1 038	2.69%

资料来源：同花顺数据库

二、工元乐居 2022-1 个人住房抵押贷款支持证券

1. 证券发行情况

工元乐居 2022-1 债券全称为工元乐居 2022 年第 1 期个人住房抵押贷款支持证券，是中国工商银行发起的 2022 年第 1 期个人住房抵押贷款支持证券，发行规模为 812 096.36 万元。工元乐居 2022-1 分为 22 工元 1A1、22 工元 1A2 和 22 工元 1C 三个等级，分层占比分别为 39.77%、50.86% 和 9.37%（表 5.9）。

表 5.9　工元乐居 2022-1 个人住房抵押贷款支持证券发行情况

债券简称	评级	评级机构	发行金额/万元	当期利率	分层比例
22 工元 1A1	AAA	中债资信/中诚信	323 000.00	2.67%	39.77%
22 工元 1A2	AAA	中债资信/中诚信	413 000.00	3.15%	50.86%
22 工元 1C	无评级		76 096.36		9.37%

该项目由中国工商银行股份有限公司作为发起机构和贷款服务机构、华能贵诚信托有限公司作为发行人，委托中信证券股份有限公司、兴业银行股份有限公司和海通证券股份有限公司作为主承销商，中国建设银行股份有限公司作为资金保管机构，中债资信

评估有限责任公司和中诚信国际信用评级有限责任公司为其信用评估机构（表 5.10）。

表 5.10　工元乐居 2022-1 个人住房抵押贷款支持证券发行相关机构

机构	名称
发起机构	中国工商银行股份有限公司
贷款服务机构	中国工商银行股份有限公司
发行机构	华能贵诚信托有限公司
受托机构	华能贵诚信托有限公司
主承销商	中信证券股份有限公司、兴业银行股份有限公司、海通证券股份有限公司
资金保管机构	中国建设银行股份有限公司
信用评估机构	中债资信评估有限责任公司、中诚信国际信用评级有限责任公司
会计师事务所	毕马威华振会计师事务所（特殊普通合伙）

资料来源：同花顺数据库

工元乐居 2022-1 初始起算日资产池中抵押贷款的总体特征如表 5.11 所示，统计了初始资产池在初始起算日的资产笔数与金额特征、利率和期限特征以及其他特征。所有加权平均和百分比数据的计算均以初始资产池在初始起算日的所有抵押贷款的本金余额为基础。

表 5.11　工元乐居 2022-1 初始起算日资产池中抵押贷款总体特征

机构	数据
入池总笔数/笔	25 035.00
资产池合同总金额/万元	1 075 076.47
单笔贷款最高合同金额/万元	0
单笔贷款平均合同金额/万元	0
单笔贷款最高本金余额/万元	754.00
单笔贷款平均本金余额/万元	32.44
单笔贷款最高年利率	6.62
加权平均贷款年利率	4.95
加权平均合同期限/月	218.76
加权平均贷款剩余期限/月	165.48
加权平均账龄/月	53.28

资料来源：同花顺数据库

2. 基础资产分析

个人住房抵押贷款支持证券以住房抵押贷款为资产池，住房抵押贷款的期限分布直接影响着资产证券化产品风险与收益的大小。工元乐居 2022-1 资产池中抵押贷款期限分布如表 5.12 所示。

表 5.12　工元乐居 2022-1 资产池中抵押贷款期限分布

合同期限分布/年	本金余额/万元	本金余额占比	资产笔数/笔	资产笔数占比
2~5（含）	14 075.06	1.73%	646	2.58%
5~10（含）	90 154.44	11.10%	4 255	17.00%
10~15（含）	137 303.11	16.91%	4 795	19.15%
15~20（含）	493 706.59	60.79%	13 810	55.16%
20~25（含）	39 980.67	4.92%	667	2.66%
25~30（含）	36 876.49	4.54%	862	3.44%

资料来源：同花顺数据库

由表 5.12 可知，工元乐居 2022-1 个人住房抵押贷款支持证券资产池中，贷款合同期限在 2~5 年（含）的本金金额占比及资产笔数占比最低，分别为 1.73% 和 2.58%。贷款期限为 15~20 年（含）的本金金额占比及资产笔数占比最高，分别为 60.79% 和 55.16%。

工元乐居 2022-1 资产池中贷款利率分布如表 5.13 所示。贷款利率在 4.5%~5.0%（含）的本金金额和资产笔数占比最高，分别为 46.88% 和 53.38%，贷款利率在 6.5%~7.0%（含）的本金金额和资产笔数占比都是最低的，均为 0.01%。

表 5.13　工元乐居 2022-1 资产池中贷款利率分布

贷款利率	本金余额/万元	本金余额占比	资产笔数/笔	资产笔数占比
3.0%~3.5%	16 596.26	2.05%	486	1.94%
3.5%~4.0%（含）	1 247.30	0.15%	61	0.24%
4.0%~4.5%（含）	110 445.51	13.60%	2 636	10.53%
4.5%~5.0%（含）	380 726.86	46.88%	13 364	53.38%
5.0%~5.5%（含）	229 365.00	28.24%	6 272	25.05%
5.5%~6.0%（含）	55 953.68	6.89%	1 686	6.73%
6.0%~6.5%（含）	17 658.15	2.18%	527	2.11%
6.5%~7.0%（含）	103.59	0.01%	3	0.01%

资料来源：同花顺数据库

三、邮元家和 2022-1 个人住房抵押贷款支持证券

1. 证券发行情况

邮元家和 2022-1 债券全称为邮元家和 2022 年第 1 期个人住房抵押贷款支持证券，

是中国邮政储蓄银行发起的 2022 年第 1 期个人住房抵押贷款支持证券，发行规模为
334 567.40 元。邮元家和 2022-1 分为 22 邮元 1 优先和 22 邮元 1C 两个等级，分层占比
分别为 88.62% 和 11.38%（表 5.14）。

表 5.14　邮元家和 2022-1 个人住房抵押贷款支持证券发行情况

债券简称	评级	评级机构	发行金额/万元	当期利率	分层比例
22 邮元 1 优先	AAA	中债资信/联合资信	296 500.00	2.70%	88.62%
22 邮元 1C	无评级		38 067.40		11.38%

资料来源：同花顺数据库

该项目由中国邮政储蓄银行股份有限公司作为发起机构和贷款服务机构，交银国际
信托有限公司作为发行人，委托华泰证券股份有限公司、中国国际金融股份有限公司、
光大证券股份有限公司和海通证券股份有限公司作为主承销商，中国建设银行股份有限
公司作为资金保管机构，中债资信评估有限责任公司和联合资信评估股份有限公司为其
信用评估机构（表 5.15）。

表 5.15　邮元家和 2022-1 个人住房抵押贷款支持证券发行相关机构

机构	名称
发起机构	中国邮政储蓄银行股份有限公司
贷款服务机构	中国邮政储蓄银行股份有限公司
发行机构	交银国际信托有限公司
受托机构	交银国际信托有限公司
主承销商	华泰证券股份有限公司、中国国际金融股份有限公司、光大证券股份有限公司、海通证券股份有限公司
资金保管机构	中国建设银行股份有限公司
信用评估机构	中债资信评估有限责任公司、联合资信评估股份有限公司
会计师事务所	普华永道中天会计师事务所（特殊普通合伙）

资料来源：同花顺数据库

邮元家和 2022-1 初始起算日资产池中抵押贷款的总体特征如表 5.16 所示，统计了
初始资产池在初始起算日的资产笔数与金额特征、利率和期限特征以及其他特征。所
有加权平均和百分比数据的计算均以初始资产池在初始起算日的所有抵押贷款的本金
余额为基础。

表 5.16　邮元家和 2022-1 初始起算日资产池中抵押贷款总体特征

机构	数据
入池总笔数/笔	12 693.00
资产池合同总金额/万元	461 206.10
单笔贷款最高合同金额/万元	490.00
单笔贷款平均合同金额/万元	36.34
单笔贷款最高本金余额/万元	367.50

续表

机构	数据
单笔贷款平均本金余额/万元	26.36
单笔贷款最高年利率	5.39%
加权平均贷款年利率	4.66%
加权平均合同期限/月	184.56
加权平均贷款剩余期限/月	133.56
加权平均账龄/月	51.00
加权平均借款人年龄/岁	40.48

资料来源：同花顺数据库

2. 基础资产分析

个人住房抵押贷款支持证券以住房抵押贷款为资产池，住房抵押贷款的期限分布直接影响着资产证券化产品风险与收益的大小。邮元家和 2022-1 资产池中抵押贷款期限分布如表 5.17 所示。

表 5.17　邮元家和 2022-1 资产池中抵押贷款期限分布

合同期限分布/年	本金余额/万元	本金余额占比	资产笔数/笔	资产笔数占比
<5	3 228.47	0.96%	216	1.70%
5~10（含）	62 004.22	18.53%	3 273	25.79%
10~15（含）	147 866.98	44.20%	5 344	42.10%
15~20（含）	119 591.15	35.75%	3 811	30.02%
>20	1 876.58	0.56%	49	0.39%

资料来源：同花顺数据库

由表 5.17 可知，邮元家和 2022-1 个人住房抵押贷款支持证券资产池中，贷款合同期限超过 20 年的本金余额占比及资产笔数占比最低，分别为 0.56% 和 0.39%。贷款期限为 10~15 年（含）的本金余额占比及资产笔数占比最高，分别为 44.20% 和 42.10%。

邮元家和 2022-1 资产池中贷款利率分布如表 5.18 所示。贷款利率在 4.5%~5.0%（含）的本金余额和资产笔数占比最高，分别为 52.40% 和 56.91%，贷款利率小于 4.0% 的本金余额及资产笔数占比都是最低的，分别为 0.38% 和 0.21%。

表 5.18　邮元家和 2022-1 资产池中贷款利率分布

贷款利率	本金余额/万元	本金余额占比	资产笔数/笔	资产笔数占比
<4.0%	1 274.15	0.38%	27	0.21%
4.0%~4.5%（含）	144 087.21	43.07%	4 834	38.08%
4.5%~5.0%（含）	175 329.19	52.40%	7 224	56.91%
>5.0%	13 876.84	4.15%	608	4.79%

资料来源：同花顺数据库

四、REITs

1. 2022 年 REITs 发行情况

自 2021 年 6 月 21 日，中国首批公募 REITs 正式推出，9 只基础设施 REITs 产品上市交易，运行效果符合市场预期。截至 2022 年 12 月 19 日，中国公募 REITs 已发行 24 只，其中 2021 年 11 只，2022 年新发行 13 只。本节将对 2022 年各机构发行的 REITs 项目进行分析，发行情况如表 5.19 所示。

表 5.19　2022 年 REITs 项目发行一览表

项目名称	原始权益人	发行总额/亿元	最新主体评级	发行日期	预计到期日	管理公司	交易场所
中信证券-中交投资高速公路 1 号资产支持专项计划	中交投资有限公司、中交第二航务工程局有限公司、中交第二公路勘察设计研究院有限公司	93.99	AApi	2022-04-15	2046-08-27	华夏基金管理有限公司	上海市
国金证券-渝遂高速资产支持专项计划	重庆高速公路股份有限公司、中铁建重庆投资集团有限公司	47.93		2022-06-29	2035-05-31	国金基金管理有限公司	上海市
国信证券深圳能源清洁能源第一期基础设施资产支持专项计划	深圳能源集团股份有限公司	35.38	AAA-pi	2022-07-13	2055-12-27	鹏华基金管理有限公司	深圳市
深创投-深圳人才安居保障性租赁住房资产支持专项计划	深圳市人才安居集团有限公司	12.42	AAA	2022-08-23	2088-06-25	红土创新基金管理有限公司	深圳市
中金厦门安居保障性租赁住房基础设施资产支持专项计划	厦门安居集团有限公司	13.00	AAA	2022-08-23	2087-08-23	中金基金管理有限公司	上海市
中信证券-北京保障房中心租赁住房 1 号资产支持专项计划	北京保障房中心有限公司	12.55	A+	2022-08-23	2083-11-15	华夏基金管理有限公司	上海市
中信证券-合肥高新创新产业园 1 号资产支持专项计划	合肥高新股份有限公司	15.33	Api	2022-09-21	2059-12-29	华夏基金管理有限公司	深圳市
国君资管临港创新智造产业园基础设施资产支持专项计划	上海临港奉贤经济发展有限公司、上海临港华平经济发展有限公司	8.24		2022-09-26	2065-09-25	上海国泰君安证券资产管理有限公司	上海市
国君资管东久新经济产业园基础设施资产支持专项计划	CAPRICCIO INVESTMENTS LIMITED、FULL REGALIA LIMITED、MILEAGE INVESTMENTS LIMITED、UTMOST PEAK LIMITED	15.18		2022-09-27	2067-09-26	上海国泰君安证券资产管理有限公司	上海市

续表

项目名称	原始权益人	发行总额/亿元	最新主体评级	发行日期	预计到期日	管理公司	交易场所
华泰资管-江苏交控沪苏浙高速公路资产支持专项计划	江苏沿江高速公路有限公司	30.54		2022-11-04	2033-01-11	华泰证券（上海）资产管理有限公司	上海市
中金-安徽交控高速公路基础设施资产支持专项计划	安徽省交通控股集团有限公司	108.80	AA+pi	2022-11-14	2039-11-14	中金基金管理有限公司	上海市
中信证券-华润有巢租赁住房基础设施 1 号资产支持专项计划	有巢住房租赁（深圳）有限公司	12.08		2022-11-21	2089-11-21	华夏基金管理有限公司	上海市
中信证券-杭州和达高科产业园 1 号资产支持专项计划	杭州万海投资管理有限公司、杭州和达高科技发展集团有限公司	14.04		2022-12-19	2064-12-19	华夏基金管理有限公司	深圳市

资料来源：同花顺数据库

2022 年 1~12 月，共发行 REITs 项目 13 个，包括 4 只园区基础设施类 REITs、4 只交通基础设施类 REITs、4 只保障性租赁住房类 REITs 以及 1 只能源基础设施类 REITs。其中，交通基础设施类 REITs 发行规模普遍较高，中金安徽交控 REIT 位居 2022 年发行规模榜首，金额达 108.80 亿元；园区基础设施类 REITs、保障性租赁住房类 REITs 发行规模相对较小，发行规模在 8 亿元到 16 亿元不等。

2022 年发行的 REITs 较上年增加了 2 个，发行总规模为 419.48 亿元，与 2021 年相比，大幅增长了 55.35 亿元。2022 年 13 个 REITs 平均发行额为 32.27 亿元，比上年下降了 0.83 亿元。整体来看，REITs 发行金额较上年大幅上升。

2. 中金安徽交控 REITs 发行情况

以发行规模最高的中金-安徽交控高速公路基础设施资产支持专项计划（简称安徽交控 2022-1）为例，介绍交通基础设施类 REITs 发行情况。

安徽交控 2022-1 发行规模为 108.8 亿元，是目前市场上规模最大的公募 REITs 首发上市项目，也是唯一一只过百亿元的公募 REITs 项目，占全市场发行规模总额的 16%。最新主体评级为 AA+pi 稳定。具体的相关发行信息如表 5.20 所示。

表 5.20　安徽交控 2022-1 发行相关情况

信息名称	信息
基金管理人	中金基金管理有限公司
专项计划管理人	中国国际金融股份有限公司
运营管理机构	安徽省交通控股集团有限公司
托管银行	招商银行股份有限公司
信用评估机构	中债资信评估有限责任公司
运作方式	封闭式

资料来源：同花顺数据库

该项目最终发行规模为 108.8 亿元,由中金基金管理有限公司作为基金管理人,中国国际金融股份有限公司作为专项计划管理人,招商银行股份有限公司作为托管银行,中债资信评估有限责任公司为其信用评估机构。截至 2022 年 11 月 15 日,该基金场内份额总数为 994 132 801 份。其中上市交易份额为 194 132 801 份,限售份额为 8 亿份。上市交易日期为 2022 年 11 月 22 日。本次募集有效认购户数为 38 906 户,基金份额共计 10 亿份。

3. 海外 QDII-REITs 投资

REITs 模式起源于 1960 年的美国并且迅速发展,且美国目前仍是全球最大的商业房地产市场。因此,分析海外的投资市场是十分必要的。目前,国内共有 6 只 QDII-REITs 基金:诺安全球收益不动产、鹏华美国房地产、嘉实全球房地产、广发美国房地产、南方道琼斯美国精选 REIT 指数和上投摩根富时 REITs。诺安全球不动产、鹏华美国房地产、嘉实全球房地产均是主动投资产品,上投摩根富时 REITs 为跟踪全球发达市场 REITs 指数的被动投资产品,广发美国地产为跟踪 MSCI 美国 REITs 指数的被动投资产品,而南方道琼斯美国精选 REIT 指数则是一只指数基金,具体见表 5.21。

表 5.21　QDII-REITs 产品一览

代码	基金简称	基金规模/元	2022 年净值增长率	成立以来净值增长率	成立时间
320017	诺安全球收益不动产	681 403 638.20	−19.81%	+41.30%	2011-09-23
206011	鹏华美国房地产	284 888 774.46	−7.90%	+25.74%	2011-11-25
070031	嘉实全球房地产	835 863 168.94	−18.93%	+43.95%	2012-07-24
000179	广发美国房地产	472 029 182.34	−15.53%	+66.27%	2013-08-09
160140	南方道琼斯美国精选 REIT 指数	85 946 840.68	−17.02%	+8.54%	2017-10-26
005613	上投摩根富时 REITs	110 593 367.08	−15.62%	+14.56%	2018-04-26

资料来源:同花顺数据库

由表 5.21 可以看出,截至 2022 年 12 月 24 日,6 只国内海外 QDII-REITs 的净值都实现了增加。其中,广发美国房地产的净值增长最快,实现了 66.27%的增长率。

第四节　货币政策调整及对房地产企业影响分析

为支持实体经济发展,促进综合融资成本稳中有降,央行于 2022 年 4 月全面下调了存款准备金率,调整后,大型金融机构存款准备金率为 11.25%,中小金融机构存款准备金率为 8.25%(表 5.22)。在后疫情时期,我国将继续实行稳健的货币政策,不搞大水漫灌,兼顾内外平衡,保持流动性合理充裕,保持货币供应量和社会融资规模增速同名义经济增速基本匹配,加强跨周期调节。支持中小企业绿色发展、科技创新,为高质量发展和供给侧结构性改革营造适宜的货币金融环境。

表 5.22　存款准备金率历次调整

公布时间	生效日期	大型金融机构			中小金融机构		
		调整前	调整后	调整幅度	调整前	调整后	调整幅度
2022 年 11 月 25 日	2022 年 12 月 05 日	11.25%	11.00%	−0.25%	8.25%	8.00%	−0.25%
2022 年 04 月 15 日	2022 年 04 月 25 日	11.50%	11.25%	−0.25%	8.50%	8.25%	−0.25%
2021 年 12 月 06 日	2021 年 12 月 15 日	12.00%	11.50%	−0.50%	9.00%	8.50%	−0.50%
2021 年 07 月 09 日	2021 年 07 月 15 日	12.50%	12.00%	−0.50%	9.50%	9.00%	−0.50%
2020 年 04 月 03 日	2020 年 05 月 15 日	—	—	—	10.00%	9.50%	−0.50%
2020 年 04 月 03 日	2020 年 04 月 15 日	—	—	—	10.50%	10.00%	−0.50%
2020 年 01 月 01 日	2020 年 01 月 06 日	13.00%	12.50%	−0.50%	11.00%	10.50%	−0.50%
2019 年 09 月 06 日	2019 年 09 月 16 日	13.50%	13.00%	−0.50%	11.50%	11.00%	−0.50%
2019 年 01 月 04 日	2019 年 01 月 25 日	14.00%	13.50%	−0.50%	12.00%	11.50%	−0.50%
2019 年 01 月 04 日	2019 年 01 月 15 日	14.50%	14.00%	−0.50%	12.50%	12.00%	−0.50%
2018 年 10 月 07 日	2018 年 10 月 15 日	15.50%	14.50%	−1.00%	13.50%	12.50%	−1.00%
2018 年 06 月 24 日	2018 年 07 月 05 日	16.00%	15.50%	−0.50%	14.00%	13.50%	−0.50%
2018 年 04 月 17 日	2018 年 04 月 25 日	17.00%	16.00%	−1.00%	15.00%	14.00%	−1.00%
2016 年 02 月 29 日	2016 年 03 月 01 日	17.00%	16.50%	−0.50%	13.50%	13.00%	−0.50%
2015 年 10 月 23 日	2015 年 10 月 24 日	17.50%	17.00%	−0.50%	14.00%	13.50%	−0.50%
2015 年 08 月 26 日	2015 年 09 月 06 日	18.00%	17.50%	−0.50%	14.50%	14.00%	−0.50%
2015 年 06 月 27 日	2015 年 06 月 28 日	18.50%	18.00%	−0.50%	15.00%	14.50%	−0.50%
2015 年 04 月 19 日	2015 年 04 月 20 日	19.50%	18.50%	−1.00%	16.00%	15.00%	1.00%
2015 年 02 月 04 日	2015 年 02 月 05 日	20.00%	19.50%	−0.50%	16.50%	16.00%	−0.50%
2012 年 05 月 12 日	2012 年 05 月 18 日	20.50%	20.00%	−0.50%	17.00%	16.50%	−0.50%
2012 年 02 月 18 日	2012 年 02 月 24 日	21.00%	20.50%	−0.50%	17.50%	17.00%	−0.50%
2011 年 11 月 30 日	2011 年 12 月 05 日	21.50%	21.00%	−0.50%	18.00%	17.50%	−0.50%
2011 年 06 月 14 日	2011 年 06 月 20 日	21.00%	21.50%	0.50%	17.50%	18.00%	0.50%
2011 年 05 月 12 日	2011 年 05 月 18 日	20.50%	21.00%	0.50%	17.00%	17.50%	0.50%
2011 年 04 月 17 日	2011 年 04 月 21 日	20.00%	20.50%	0.50%	16.50%	17.00%	0.50%
2011 年 03 月 18 日	2011 年 03 月 25 日	19.50%	20.00%	0.50%	16.00%	16.50%	0.50%
2011 年 02 月 18 日	2011 年 02 月 24 日	19.00%	19.50%	0.50%	15.50%	16.00%	0.50%
2011 年 01 月 14 日	2011 年 01 月 20 日	18.50%	19.00%	0.50%	15.00%	15.50%	0.50%
2010 年 12 月 10 日	2010 年 12 月 20 日	18.00%	18.50%	0.50%	14.50%	15.00%	0.50%
2010 年 11 月 19 日	2010 年 11 月 29 日	17.50%	18.00%	0.50%	14.00%	14.50%	0.50%
2010 年 11 月 09 日	2010 年 11 月 16 日	17.00%	17.50%	0.50%	13.50%	14.00%	0.50%
2010 年 05 月 02 日	2010 年 05 月 10 日	16.50%	17.00%	0.50%	13.50%	13.50%	0
2010 年 02 月 12 日	2010 年 02 月 25 日	16.00%	16.50%	0.50%	13.50%	13.50%	0
2010 年 01 月 12 日	2010 年 01 月 18 日	15.50%	16.00%	0.50%	13.50%	13.50%	0
2008 年 12 月 22 日	2008 年 12 月 25 日	16.00%	15.50%	−0.50%	14.00%	13.50%	−0.50%
2008 年 11 月 26 日	2008 年 12 月 05 日	17.00%	16.00%	−1.00%	16.00%	14.00%	−2.00%
2008 年 10 月 08 日	2008 年 10 月 15 日	17.50%	17.00%	−0.50%	16.50%	16.00%	−0.50%

续表

公布时间	生效日期	大型金融机构			中小金融机构		
		调整前	调整后	调整幅度	调整前	调整后	调整幅度
2008 年 09 月 15 日	2008 年 09 月 25 日	17.50%	17.50%	0	17.50%	16.50%	−1.00%
2008 年 06 月 07 日	2008 年 06 月 25 日	16.50%	17.50%	1.00%	16.50%	17.50%	1.00%
2008 年 05 月 12 日	2008 年 05 月 20 日	16.00%	16.50%	0.50%	16.00%	16.50%	0.50%
2008 年 04 月 16 日	2008 年 04 月 25 日	15.50%	16.00%	0.50%	15.50%	16.00%	0.50%
2008 年 03 月 18 日	2008 年 03 月 25 日	15.00%	15.50%	0.50%	15.00%	15.50%	0.50%
2008 年 01 月 16 日	2008 年 01 月 25 日	14.50%	15.00%	0.50%	14.50%	15.00%	0.50%
2007 年 12 月 08 日	2007 年 12 月 25 日	13.50%	14.50%	1.00%	13.50%	14.50%	1.00%
2007 年 11 月 10 日	2007 年 11 月 26 日	13.00%	13.50%	0.50%	13.00%	13.50%	0.50%
2007 年 10 月 13 日	2007 年 10 月 25 日	12.50%	13.00%	0.50%	12.50%	13.00%	0.50%
2007 年 09 月 06 日	2007 年 09 月 25 日	12.00%	12.50%	0.50%	12.00%	12.50%	0.50%
2007 年 07 月 30 日	2007 年 08 月 15 日	11.50%	12.00%	0.50%	11.50%	12.00%	0.50%
2007 年 05 月 18 日	2007 年 06 月 05 日	11.00%	11.50%	0.50%	11.00%	11.50%	0.50%
2007 年 04 月 29 日	2007 年 05 月 15 日	10.50%	11.00%	0.50%	10.50%	11.00%	0.50%
2007 年 04 月 05 日	2007 年 04 月 16 日	10.00%	10.50%	0.50%	10.00%	10.50%	0.50%
2007 年 02 月 16 日	2007 年 02 月 25 日	9.50%	10.00%	0.50%	9.50%	10.00%	0.50%
2007 年 01 月 05 日	2007 年 01 月 15 日	9.00%	9.50%	0.50%	9.00%	9.50%	0.50%

资料来源：Wind 数据库

截至 2022 年 12 月，尚未出台新的下调基准利率的政策。在 2015 年内，一年存款基准利率由 2014 年末的 2.75% 下调至 1.50%，下调了 1.25 个百分点。贷款基准利率由 2014 年末的 5.60% 下调至 4.35%，下调了 1.25 个百分点。根据货币政策调控需要，2015 年的 5 次基准利率调整，有助于发挥中长期政策利率作用，引导金融机构降低贷款利率和社会融资成本。2021 年基准利率总体趋于平稳，这表明，目前的货币政策是合适的，尽管随着时间的推移，货币政策刺激的需求会更少，但央行将在未来调整政策利率方面保持谨慎（表 5.23）。

表 5.23　利率历次调整

数据上调时间	存款基准利率			贷款基准利率		
	调整前	调整后	调整幅度	调整前	调整后	调整幅度
2015 年 10 月 24 日	1.75%	1.50%	−0.25%	4.60%	4.35%	−0.25%
2015 年 08 月 26 日	2.00%	1.75%	−0.25%	4.85%	4.60%	−0.25%
2015 年 06 月 28 日	2.25%	2.00%	−0.25%	5.10%	4.85%	−0.25%
2015 年 05 月 11 日	2.50%	2.25%	−0.25%	5.35%	5.10%	−0.25%
2015 年 03 月 01 日	2.75%	2.50%	−0.25%	5.60%	5.35%	−0.25%
2014 年 11 月 22 日	3.00%	2.75%	−0.25%	6.00%	5.60%	−0.40%
2012 年 07 月 06 日	3.25%	3.00%	−0.25%	6.31%	6.00%	−0.31%
2012 年 06 月 08 日	3.50%	3.25%	−0.25%	6.56%	6.31%	−0.25%
2011 年 07 月 07 日	3.25%	3.50%	0.25%	6.31%	6.56%	0.25%

续表

数据上调时间	存款基准利率			贷款基准利率		
	调整前	调整后	调整幅度	调整前	调整后	调整幅度
2011 年 04 月 06 日	3.00%	3.25%	0.25%	6.06%	6.31%	0.25%
2011 年 02 月 09 日	2.75%	3.00%	0.25%	5.81%	6.06%	0.25%
2010 年 12 月 26 日	2.50%	2.75%	0.25%	5.56%	5.81%	0.25%
2010 年 10 月 20 日	2.25%	2.50%	0.25%	5.31%	5.56%	0.25%
2008 年 12 月 23 日	2.52%	2.25%	−0.27%	5.58%	5.31%	−0.27%
2008 年 11 月 27 日	3.60%	2.52%	−1.08%	6.66%	5.58%	−1.08%
2008 年 10 月 30 日	3.87%	3.60%	−0.27%	6.93%	6.66%	−0.27%
2008 年 10 月 09 日	4.14%	3.87%	−0.27%	7.20%	6.93%	−0.27%
2008 年 09 月 16 日	4.14%	4.14%	0	7.47%	7.20%	−0.27%
2007 年 12 月 21 日	3.87%	4.14%	0.27%	7.29%	7.47%	0.18%
2007 年 09 月 15 日	3.60%	3.87%	0.27%	7.02%	7.29%	0.27%
2007 年 08 月 22 日	3.33%	3.60%	0.27%	6.84%	7.02%	0.18%
2007 年 07 月 21 日	3.06%	3.33%	0.27%	6.57%	6.84%	0.27%
2007 年 05 月 19 日	2.79%	3.06%	0.27%	6.39%	6.57%	0.18%
2007 年 03 月 18 日	2.52%	2.79%	0.27%	6.12%	6.39%	0.27%
2006 年 08 月 19 日	2.25%	2.52%	0.27%	5.85%	6.12%	0.27%
2006 年 04 月 28 日	2.25%	2.25%	0	5.58%	5.85%	0.27%
2004 年 10 月 29 日	1.98%	2.25%	0.27%	5.31%	5.58%	0.27%
2002 年 02 月 21 日	2.25%	1.98%	−0.27%	5.85%	5.31%	−0.54%

资料来源：Wind 数据库

第六章   2023 年房地产市场预测

2022 年宏观经济逐步恢复，但在疫情反复的背景下，消费、外贸、投资规模收缩，经济仍面临较大下行压力。全年房地产销售规模、累计开发投资规模等均出现同比下降，新建及二手房价微幅上涨，需求结构方面，改善性需求韧性强，多数城市 90 平方米以下住宅占比回落，供给端多家房企出现交付延期，消费者购房信心受到一定影响。2022 年以来，中央和各部委频繁释放积极信号，各地全面落实因城施策，中国人民银行、中国银行保险监督管理委员会联合下发《关于做好当前金融支持房地产市场平稳健康发展工作的通知》，明确了 16 项重磅举措，坚持"房住不炒"定位，调控支持房地产市场平稳健康发展，行业政策环境进入宽松周期。

展望 2023 年，我国房地产调控政策重点将集中在保障合理住房需求，稳定房地产市场，加快建立多主体供给、多渠道保障、租购并举的住房制度，因城施策力度有望继续加大，持续提升房地产调控成效。房地产行业融资环境将逐步改善，市场预期将略有好转，房地产市场逐步企稳。

第一节   房地产市场影响因素分析

一、房地产市场长期影响因素分析

（一）党的二十大报告、"十四五"规划建议及 2022 年中央经济工作会议

《中共中央关于制定国民经济和社会发展第十四个五年规划和二〇三五年远景目标的建议》在"形成强大国内市场，构建新发展格局"里提出"推动金融、房地产同实体经济均衡发展"。"十四五"规划指出"坚持房子是用来住的、不是用来炒的定位，加快建立多主体供给、多渠道保障、租购并举的住房制度，让全体人民住有所居、职住平衡。坚持因地制宜、多策并举，夯实城市政府主体责任，稳定地价、房价和预期。建立住房和土地联动机制，加强房地产金融调控，发挥住房税收调节作用，支持合理自住需求，遏制投资投机性需求。2022 年，党的二十大胜利召开，党的二十大报告提出"坚持房子是用来住的、不是用来炒的定位，加快建立多主体供给、多渠道保障、租购并举的住房制度"。房地产业对经济的作用由推动器转向稳定器，房地产市场对经济的影响巨大，当前房地产市场稳定对防范和化解风险、促进"六稳""六保"具有重要意义，我国将从多个方面继续扎实做好促进房地产市场平稳健康发展各项工作。党的二十大再

次强调租购并举，表明租购并举是我国推进住房制度改革、住房高质量发展的顶层设计，中央将继续在住房供应政策端推动住房租赁市场发展，进一步完善租赁、市场与保障并行的住房体系。在"房住不炒"的基调下，住房的民生属性凸显，房价正向平稳回归，有利于稳地价、稳房价、稳预期，在平稳基础上把握好政策节奏和力度，建立以"人、房、地、钱"四项要素的联动机制，以人定房、以房定地、以房定钱，提高人民生活品质。

同时，2022 年中央经济工作会议指出，2023 年的经济工作要从战略全局出发，从改善社会心理预期、提振发展信心入手，纲举目张做好工作。着力扩大国内需求，把恢复和扩大消费摆在优先位置，增加城乡居民收入，支持住房改善消费。会议还指出，有效防范化解重大经济金融风险，要确保房地产市场平稳发展，扎实做好保交楼、保民生、保稳定各项工作，满足行业合理融资需求，推动行业重组并购，有效防范化解优质头部房企风险，改善资产负债状况，同时要坚决依法打击违法犯罪行为。要因城施策，支持刚性和改善性住房需求，解决好新市民、青年人等住房问题，探索长租房市场建设。要坚持"房子是用来住的、不是用来炒的"定位，推动房地产业向新发展模式平稳过渡。

（二）扩大内需

"十四五"规划指出，坚持扩大内需这个战略基点，加快培育完整内需体系，把实施扩大内需战略同深化供给侧结构性改革有机结合起来，以创新驱动、高质量供给引领和创造新需求，加快构建以国内大循环为主体、国内国际双循环相互促进的新发展格局。房地产作为畅通国内大循环的重要产业之一，实施房地产市场平稳健康发展长效机制，促进房地产与实体经济均衡发展，有助于促进国内资源要素顺畅流动，形成资本提升和产业转型升级良性循环。2022 年中央经济工作会议指出，要着力扩大国内需求，增强消费能力，改善消费条件，创新消费场景。多渠道增加城乡居民收入，支持住房改善消费。在扩大内需和"房住不炒"的战略背景下，房地产市场逐步由高速增长期转入低速增长期，存量市场的租赁、城市更新、物业管理等领域迎来新的发展机会；保障房建设的加速，也将给房地产注入新动能。这都将成为房地产实现长远发展的基础，并使得房地产业有能力成为国内大循环中的重要力量。

（三）新型城镇化

"十四五"规划中提到，坚持走中国特色新型城镇化道路，深入推进以人为核心的新型城镇化战略，以城市群、都市圈为依托促进大中小城市和小城镇协调联动、特色化发展，使更多人民群众享有更高品质的城市生活。在"房住不炒"的定位下，完善住房市场体系和住房保障体系对加快转变城市发展方式，统筹城市规划建设管理，实施城市更新行动，推动城市空间结构优化和品质提升具有重要意义。

2022 年 7 月 12 日，国家发展和改革委员会网站发布《"十四五"新型城镇化实施方案》，明确"十四五"时期深入推进以人为核心的新型城镇化战略的目标任务和政策举措，包括深化户籍制度改革、分类推动城市群发展、完善城市住房体系、有序推进城市更新改造、加大内涝治理力度等内容。该方案指出，到 2025 年，全国常住人口城镇化率稳步提高，户籍人口城镇化率明显提高，户籍人口城镇化率与常住人口城镇化率差距明显缩小。农业转移人口市民化质量显著提升，城镇基本公共服务覆盖全部未落户常住人口。该方案指出，加快农业转移人口市民化，深化户籍制度改革，放开放宽除个别超大城市外的落户限制，试行以经常居住地登记户口制度。全面取消城区常住人口 300 万以下的城市落户限制，全面放宽城区常住人口 300 万至 500 万的 I 型大城市落户条件。完善城区常住人口 500 万以上的超大特大城市积分落户政策，精简积分项目。促进在城镇稳定就业和生活的农业转移人口举家进城落户，并与城镇居民享有同等权利、履行同等义务。

（四）城市圈与都市圈双发展

以中心城市和城市群等经济发展优势区域为重点，增强经济和人口承载能力，带动全国经济效率整体提升，已成为未来我国开拓高质量发展的重要动力源。我国房地产发展与城镇人口飞速增长密切相关，我国的城镇化率已从改革开放之初的 17.9% 增加到 2021 年的 64.7%，人均住房面积接近发达国家水平，总生育率下降，房地产市场需求端需要新动力，都市圈和城市群化对未来我国房地产发展具有重要意义。2021 年，我国规划的 19 个国家级城市群，以 24.5% 的土地集聚了全国 78.5% 的人口，创造了全国 87.8% 的 GDP，成为我国经济社会发展的重要贡献者。从经济规模看，2021 年长三角城市群 GDP 总量 27.6 万亿元，珠三角、京津冀、长江中游、粤闽浙沿海、成渝 GDP 总量均超过 6.8 万亿元，其中五大城市群 GDP 总量合计 53.8 万亿元，占全国的 47.0%；从产业创新看，长三角和珠三角城市群 A 股 H 股上市公司数量和专利授权量均居全国前两名；从人口看，珠三角和长三角城市群近五年常住人口年均增量较大，分别年均增长 385 万、282 万人。人口往都市圈城市群迁移集聚，带来基础设施投资、产业分工、规模效应、创新创业、住宅投资等机遇。到 2030 年，2 亿新增城镇人口的约 80% 将分布在四大都市圈、19 个城市群。

二、房地产市场短期影响因素分析

（一）宏观经济运行

2022 年，全球发达经济体面临增长持续下滑、通胀和衰退风险。面对复杂严峻的国内外形势和多重超预期因素冲击，我国高效统筹疫情防控和经济社会发展，国民经济顶住压力持续恢复，主要指标恢复回稳，在全球产业链地位上升。初步核算，2022 年前三季度累计 GDP 为 813 829.5 亿元，同比增长 3.0%，分季度看，第一季度同比增长 4.8%，第二季度同比增长 0.4%，第三季度同比增长 3.9%。世界经济下行风险继续上升，国内 1~10 月经济延续恢复态势，生产需求逐步恢复、就业和物价保持总体稳定、结构调整扎实推进、基本民生保障持续加强，发展韧性继续彰显。

在消费、投资和净出口三大需求中，消费市场总体稳定恢复，前三季度，社会消费品零售总额 320 304.6 亿元，同比增长 0.7%，增速比 1~8 月加快 0.2 个百分点。分季度看，第三季度增长 3.5%，第二季度下降 4.6%，第一季度增长 3.3%，第三季度较第二季度加快恢复，1~10 月，商品房销售面积 111 179.3 万平方米，同比下降 22.3%，其中住宅销售面积下降 25.5%。商品房销售额 108 832.2 亿元，下降 26.1%，其中住宅销售额下降 28.2%。结构上新型消费较快发展，传统实体店铺销售改善，餐饮企业和小微商贸企业恢复程度较低，消费市场恢复基础仍需巩固。投资方面，各地区各部门积极发挥投资作用，利用政策性开发性金融工具和地方专项债，有力推进项目落地，1~10 月，全国固定资产投资（不含农户）471 459.0 亿元，同比增长 5.8%，比 1~9 月回落 0.1 个百分点。分领域看，基础设施投资同比增长 8.7%，制造业投资增长 9.7%，房地产开发投资下降 8.8%。分产业看，第一产业投资同比增长 1.4%，第二产业投资增长 10.8%，第三产业投资增长 3.7%。民间投资增长 1.6%。高技术产业投资增长 20.5%。以 2022 年 10 月汇率计算，进出口方面，1~10 月，进出口总额 345 986.69 亿元，同比增长 9.5%。其中，出口 197 114.09 亿元，与 2021 年相比累计同比增长 13.0%；进口 148 872.60 亿元，同比增长 5.1%。一般贸易进出口占进出口总额的比重为 63.8%，比上年同期提高 2.1 个百分点。

在世界经济下行趋势中，面对新冠疫情的反复冲击，我国货币财政政策同步稳经济促增长，2022 年 10 月 M2 余额为 261.3 万亿元，同比增长 11.8%；M1 余额为 66.2 万亿元，同比增长 5.8%；M0 余额为 9.8 万亿元，同比增长 14.3%。价格水平方面，我国居民消费价格保持温和上涨，10 月 CPI 同比上涨 2.1%，涨幅比上月回落了 0.7 个百分点；环比上涨 0.1%，保持基本稳定。总的来看，国民经济经受住了国内外多重超预期因素的冲击，持续保持恢复态势。

（二）房地产市场供给

2022 年以来，在房价持续下跌及房地产投资施工逐步收缩的背景下，中央及地方政府在"房住不炒"的主基调下，出台多项支持房地产市场平稳健康发展的政策，加大对优质开发商的流动性支持，自 2022 年 7 月 28 日中央政治局会议定调后，"保交楼、稳民生"已成为房地产行业的重要议题，中央及各地自主设立纾困基金，积极推进楼盘复工并提振楼市信心。

2022 年 1~10 月，全国房地产累计开发投资额达到 113 945.3 亿元，同比下降 8.8%，增速下降 0.8 个百分点，其中住宅累计开发投资额为 8 651.6 亿元，比 2020 年同期下降 8.3%；全国累计土地购置面积为 21 589.9 万平方米，同比下降 15.5%，土地市场供需两弱，整体表现疲软；全国商品房累计新开工面积 103 721.7 万平方米，同比下降 37.8%，其中住宅累计新开工面积 75 934.2 万平方米，同比下降 38.5%，商品房累计竣工面积为 46 564.6 万平方米，同比下降 18.7%，竣工面积降幅略有收窄。在"保交楼"等稳定房地产市场的政策支持下，房地产市场供给端投资开发水平下降趋势逐步放缓，降幅逐步收窄，未来将延续缓慢下降趋势，平稳健康发展。

（三）房地产市场需求

2022 年 1~10 月，我国商品房累计销售面积为 111 179.3 万平方米，同比下降 22.3%，其中住宅累计销售面积为 944 129.4 万平方米，同比下降 25.5%。上半年商品房销售同比增速迅速下降至−22.2%；商品房累计待售面积 54 734.0 万平方米，同比增长 9%；2022 年 1~10 月全国商品房销售均价 9 789 元/米^2，较 2021 年同期下降 4.87%，同比降幅连续 7 个月收窄，相比 9 月收窄 0.4 个百分点。从各级城市来看，2022 年 1~10 月一线城市住宅平均价格整体上升平稳，二线城市呈现波动上升趋势，三线城市住宅平均价格整体下降。下半年受到中央房地产市场限购政策放松影响，销售市场处于平稳波动状态。政策支持一定程度上提振消费市场信心，需求端降幅收窄，延续缓慢恢复态势。

2022 年 10 月，70 个大中城市中商品住宅销售价格下降，城市个数增加，各线城市商品住宅销售价格环比下降，这反映出当前房地产市场活力仍然不足，市场信心持续低迷。在此背景下，中国人民银行和中国银行保险监督管理委员会于 11 月 23 日公开发布《关于做好当前金融支持房地产市场平稳健康发展工作的通知》，明确表示加强对房地产市场的金融支持；11 月 28 日，中国证券监督管理委员会决定在支持房地产企业股权融资方面进行调整优化。近期各项金融支持政策相继出台，且力度正在加大。房地产市场已长期承压，因此需要充分且足量的政策支持才能改善预期，实现趋势性回暖。预计 2022 年末到 2023 年第一季度，相关部门和地方政府将充分落实因城施策和综合施策，推出更多举措支持房地产市场。

（四）房地产市场调控政策

2022 年中央对房地产市场的调控政策坚持"房住不炒"的定位不变，从下半年起政策以支持房地产市场健康平稳发展为主要目标，以"保交楼、稳民生"为重要议题。2022 年 3 月 2 日，中国银行保险监督管理委员会主席郭树清表示，房地产泡沫化金融化势头得到根本扭转，但不希望调整太剧烈，对经济影响太大，还是要平稳转换。在 930 新政效果不及预期的背景下，11 月 11 日，中国人民银行和中国银行保险监督管理委员会联合发布 254 号文《关于做好当前金融支持房地产市场平稳健康发展工作的通知》，其中指出保持房地产融资平稳有序、积极做好"保交楼"金融服务。

具体政策上：①我国政府持续关注房地产市场合理融资需求，多措并举保证房地产企业合理融资需求渠道畅通；②地方政府因城施策，相继放松已有住房调控政策，落实合理住房需求保障，但整体来看核心二线城市房地产市场仍然存在收缩风险，政策仍存在一定的落实不到位现象，地方调控政策仍需进一步优化；③各级政府出台政策和行动方案，确保"保交楼"政策落实到位，"保交楼"政策效果初步显现。以郑州市为例，2022 年 9 月 7 日，郑州市政府印发《"大干 30 天，确保全市停工楼盘全面复工"保交楼专项行动实施方案》，设立房地产企业转向纾困基金，采用多种方式推动现有停工项目复工。截至 10 月 6 日，郑州市 147 个已售停工、半停工项目中已有 145 个项目全面、实质性复工。各地"保交楼"政策已经取得了一定成果。

第二节　2023 年房地产市场供需预测

基于以上对房地产市场供需影响因素的分析，2023 年，我国房地产市场仍面临一定的内外部压力与不确定性，因此假定三种可能情景并分别进行预测。

在乐观情景下，假定在 2023 年宏观经济稳步增长，新冠疫情得到有效控制，负面影响大幅缓解，并且金融支持房地产市场力度进一步加大；在基准情景下，假定宏观经济趋于稳定，疫情得到基本控制，但仍对局部地区有一定影响，同时金融支持房地产市场各项政策落实见效；在悲观情景下，宏观经济下行压力加大，疫情对我国经济社会运行与消费者预期仍有较大影响，金融支持房地产市场各项政策未得到全面落实。

基于三种情景，运用经济计量预测模型分别对三种情景下的房地产开发投资、需求、供给和价格四个方面进行预测，以下对预测结果做详细介绍。

一、房地产开发投资预测

乐观情景下，预计 2023 年房地产累计开发投资额为 145 579.9 亿元，预计同比增长 1.5%；基准情景下，房地产累计开发投资额为 139 928.9 亿元，同比基本持平；悲观情景下，房地产累计开发投资额为 130 260.6 亿元，同比增长-2.6%。三种情景下的增幅区间相比 2022 年或将调整 4.3~6.7 个百分点。

二、房地产需求预测

乐观情景下，预计 2023 年全国商品房累计销售面积为 153 526.2 万平方米，预计同比增长 8.5%；基准情景下，商品房累计销售面积为 142 425.9 万平方米，同比增长 5.0%；悲观情景下，商品房累计销售面积为 125 431.4 万平方米，同比增长-4.1%。三种情景下的增幅区间较 2022 年或将调整 23.0~29.7 个百分点。

乐观情景下，预计 2023 年全年商品房累计销售额为 150 326.8 亿元，预计同比增长 9.4%；基准情景下，商品房累计销售额为 139 274.4 亿元，同比增长 6.4%；悲观情景下，商品房累计销售额为 121 853.9 亿元，同比增长-2.4%。三种情景下的增幅区间较 2022 年或将调整 29.0~34.8 个百分点。

三、房地产供给预测

乐观情景下，预计 2023 年全国商品房累计新开工面积为 145 622.7 万平方米，预计同比增长 1.5%；基准情景下，商品房累计新开工面积为 139 701.7 万平方米，同比增长-0.9%；悲观情景下，商品房累计新开工面积为 129 426.6 万平方米，同比增长-4.0%。

三种情景下的增幅区间较 2022 年或将调整 28.3~29.4 个百分点。

四、房地产价格预测

乐观情景下，预计 2023 年全国商品房平均销售价格为 9 791.6 元/米^2，预计同比增长 0.8%；基准情景下，商品房平均销售价格为 9 778.7 元/米^2，同比增长 1.5%；悲观情景下，商品房平均销售价格为 9 714.8 元/米^2，同比增长 1.8%。三种情景下的增幅区间较 2022 年或将调整 5.0~7.7 个百分点。

第三节 2023 年房地产调控政策建议

下一阶段房地产调控的关键在于全力推动各项政策落地见效，切实稳定市场信心和预期，加快促进市场恢复。建议在坚持"房住不炒"的前提下，全面落实金融支持房地产市场的各项政策，加大因城施策力度，强化预期引导，提振市场信心，进一步释放政策效能，推动商品房销售回升，畅通房地产市场循环。

一、坚持以稳定房地产市场为首要目标，不断优化房地产调控政策，提升房地产调控成效，稳定房地产市场预期

一是中央层面持续释放房地产政策的积极信号，改善市场预期，促进住房合理消费，提升房地产政策的实施成效。

二是建立健全房地产政策评估体系与动态调整机制，及时追踪各地房地产市场运行情况，评估房地产调控效果，据此科学有序、灵活适度地优化调整调控政策。

三是科学协调房地产政策与人口、人才引进、产业支持等其他政策的组合作用，识别不同类型政策的综合作用及传导机制，据此优化政策组合，促进各类型政策的协同发力，全面提升综合调控效果。

二、持续完善并着力落实好房地产金融政策，破解市场发展困境

一是加大对需求端的金融支持，降低居民购房成本，有效支持合理刚性需求和改善性需求，促进商品房销售止降回稳。对于部分由疫情等原因导致贷款偿还能力不足的购房者，在确保不出现恶意逃债的基础上，予以延期、展期等更加灵活的政策支持。

二是丰富优化并用好用足政策工具箱，加快推进房地产企业债务风险化解和不良资产处置工作，对房地产企业、银行部门和地方政府财政稳健性等进行动态预警与及时处置，最大限度保障金融消费者的合法权益。

三是适当引导商业银行加大对优质房地产企业的支持力度，做好"保项目"与"保主体"相关政策措施的平衡与配合。此外，进一步优化住房租赁信贷服务，拓宽住房租赁市场多元化融资渠道，积极满足住房租赁企业中长期资金需求，为收购、改建房地产项目用于住房租赁提供资金支持。

四是坚持市场化和法治化原则，立足实际、依法合规地满足房地产市场合理的融资需求，避免出现过度金融化问题。加快推进社会信用体系建设，有序拓展信用在房地产金融服务与金融监管领域的应用，充分发挥信用的资源配置导向作用。

三、加快推进"保交楼、稳民生"举措的落地落实，切实解决好交付问题，提振购房者信心

一是组建跨部门的保交楼中央督导组，督促各地保交楼工作进展，为其提供科学指导与政策支持，引导各地因地制宜制订处置方案，并落实好相应措施，加快推进已售、逾期、难交付的房地产开发项目交付。

二是针对部分已公布处置方案的地区，及时跟进评估实施成效，总结风险处置的成功经验，尽快形成试点典范，为其他地区提供经验借鉴。

三是加强保交楼工作的信息披露，要求各地及时在权威渠道披露工作进展，提升信息透明度，疏导社会舆情，合理引导市场预期。